知识产权转让及许可系列丛书
国家知识产权局专利管理司 组织翻译

Integrated Intellectual Asset Management
A Guide to Exploiting and Protecting your Organization's Intellectual Assets

知识资产整合管理

知识资产发掘和保护指南

斯蒂芬·曼顿 著
张建宇 任 莉 李德升 译
王文静 审校

知识产权出版社
全国百佳图书出版单位

图书在版编目（CIP）数据

知识资产整合管理：知识资产发掘和保护指南/（美）诺顿（Manton，S.）著；张建宇，任莉，李德升译. —北京：知识产权出版社，2014. 2

书名原文：Integrated Intellectual Asset Management：A Guide to Exploiting and Protecting your Organization's Intellectual Assets

ISBN 978-7-5130-2593-5

Ⅰ. ①知… Ⅱ. ①诺…②张…③任…④李… Ⅲ. ①知识资产—资产管理—指南 Ⅳ. ①F273. 4－62

中国版本图书馆 CIP 数据核字（2014）第 028632 号

责任编辑：李　琳　卢海鹰　王祝兰　　**责任校对：**韩秀天
装帧设计：王祝兰　　**责任出版：**刘译文

知识产权转让及许可系列丛书

知识资产整合管理

——知识资产发掘和保护指南

斯蒂芬·曼顿　著

国家知识产权局专利管理司　组织翻译

张建宇　任　莉　李德升　译

王文静　审校

出版发行：知识产权出版社有限责任公司	**网　　址：**http：//www. ipph. cn
社　　址：北京市海淀区马甸南村 1 号	**邮　　编：**100088
责编电话：010－82000860 转 8122	**责编邮箱：**lilin@ cnipr. com
发行电话：010－82000860 转 8101/8102	**发行传真：**010－82000893/82005070/82000270
印　　刷：保定市中画美凯印刷有限公司	**经　　销：**各大网络书店、新华书店及相关专业书店
开　　本：720mm×1000mm　1/16	**印　　张：**10. 75
版　　次：2014 年 4 月第 1 版	**印　　次：**2014 年 4 月第 1 次印刷
字　　数：200 千字	**定　　价：**38. 00 元

京权图字：01－2013－7694

ISBN 978-7-5130-2593-5

序　　言

在当今经济全球化的背景下，世界范围内的产业转型升级不断加快，以自然资源和廉价劳动力为代表的传统生产要素对经济增长的边际贡献率呈递减趋势，而以专利为代表的知识产权对经济社会发展的推动作用日益凸显。国家竞争力越来越表现为对知识产权的拥有和运用能力。

近年来，随着我国技术创新能力的显著增强和社会公众知识产权意识的不断提高，专利数量持续快速增长，到2013年底，我国发明专利受理量已连续三年保持世界首位，国内专利有效量已超过350多万件，每万人口发明专利拥有量达4.0件，提前完成了“十二五”规划目标。

实现建成创新型国家的目标，拥有创新资源仅是基础，促进专利价值实现，将创新优势转化为市场优势才是关键。知识产权转移转化既能使市场主体获得利润和差异化竞争优势，提升市场主体创新积极性，促进创新良性循环，也有利于推动我国经济转型升级，引导传统产业结构调整和战略性新兴产业培育发展，缓解我国资源环境约束，形成新的经济增长动力。提升知识产权转移转化能力，是建设创新型国家的迫切需要。

整体上看，我国知识产权运用和管理水平不高，理论方法研究薄弱，缺少实操经验，许多企业在国际贸易竞争中，因缺乏谈判经验和技巧而承担高昂的“学习”费用。企业、高校及科研机构迫切希望在知识产权运用和管理方面得到科学的指导和帮助，增强专利运营能力和市场竞争力。

为深入贯彻党的十八大和十八届三中全会重要精神，全面落实

《国家知识产权战略纲要》，服务并推动市场主体加快知识产权转移转化，国家知识产权局经广泛调研，并经行业内专家推荐，遴选引进了国外部分优秀著作，组织翻译了这套知识产权转让及许可系列丛书，涵盖了知识产权许可转让、技术秘密、跨国公司商业模式和竞争策略、许可协议起草及谈判技巧、企业知识产权管理等内容。此套丛书的编译得到了全国知识产权行政管理部门、高等院校、专业服务机构及业内知名专家的积极响应和支持。

希望这套丛书的出版，能够为我国知识产权从业人员探寻和解决知识产权转移转化的实际操作问题提供有益参考，并为完善我国知识产权运用和管理的理论和实践发挥积极的作用。

贺化

前　　言

本书力求在该领域中有所建树，试图通过促使组织建立框架体系，将其全部知识资产整合到已有的业务流程和实践中，从而实现知识管理与知识产权管理的统一。

知识资产管理整合的方法和技术在过去数年内不断演变。然而，其基本理念可通过以下案例分析阐述。该案例是关于制定一份知识产权规划来帮助一家大型废物处理厂的发展。进行知识产权规划评估时，该工厂的轮廓设计方案已全部完成，详细的工程图纸也在设计过程中。

制定知识资产规划需要遵循较为规范的流程，需举办一个或多个研讨会以确定以下问题：

➢ 确定项目、服务或产品的重要知识资产（例如：技术秘密、数据、软件，等等）；

➢ 确定具有商业敏感度的知识资产，以及有必要采取的阻止未授权的第三方使用的行动（例如：专利化，技术保密，等等）；

➢ 确定关键业务级的知识资产面临的威胁（例如：关键人才流失、阻止第三方申请专利，等等），以及量化或缓解风险所需采取的任何活动；

➢ 确定需要组织内、外部知识互享的活动。

评估过程中，发现实际工作中存在以下问题：

➢ 虽然此设计的多个特征均有专利化的可能，而且也存在提供相关资金支持的业务模式，但组织还是没有寻求专利保护。高级管理层认为这个项目具有很强的创新性和颠覆性，已经将它作为展示性案例，通过发布该发明的详细信息吸引大量的潜在客户。

➢ 许多设计特征很明显可以应用于组织内部。然而，这些成熟的特征信息并未与组织内部的其他项目共享——尽管已经建立了覆盖整体的数据库用于信息共享，而且也有汇编完整的手册可以获取和传播这种设计特征信息。

➢ 通常，项目中最重要的“资产”莫过于和客户之间建立起紧密的合作关系——这种关系对赢得后续的“业务”相当重要。众多承包商承担项目实施，他们不但了解此设计方案详细信息，而且也被允许直接与客户联系。从组织整体考虑，哪些权益具有商业敏感性、以及项目承包商参与度，该项目未接受任何明确的指导性建议。

➢ 项目审批和管理业务流程都要求此项目应附一份知识产权规划——但是无论是项目经理、还是项目批准人，都不知晓此文档应包含的内容；并且无明确职责规范确保项目规划制定和实施。

从根本上说，失误主要归咎于项目外部：

➢ 没有提供战略指导，帮助项目确定它可以共享的，以及需要保护的知识资产；

➢ 没有通过组织的职责体系为知识资产管理建立责任机制；

➢ 项目经理和项目审批者未接受充分培训，无法深入理解项目涉及的知识资产并进一步确定应采取的措施；

➢ 无推动作用下，知识管理系统的使用低效；

➢ 组织的高级管理层和董事会均对松散的低效率知识资产管理毫无察觉。

综上所述，知识资产管理并没有在组织政策、战略、职责体系以及管理流程中得到妥善处理。而相比来说，在知识资产平台的外部，其管理框架却很健全，例如，建立清晰的职责体系，审查项目的业务规划的合理性，定期监控客户服务质量，考核员工的技术能力，等等。所有的这些体系本能够并且应该融入知识资产范畴，但是，由于存在各种原因，这些核心重要知识资产却被完全忽略。

史蒂芬·曼顿（Steve Manton）

知识产权与资产管理总监

stevemanton@ip-am.co.uk

目　　录

附图列表

表目录

第1章 导论

文献、设计、技术秘密、软件、数据、专利以及商标，无论被视为知识产权（IP），或更准确地被确认为知识资产（IAs），对其挖掘和保护的程度决定了大多数组织能否取得商业成功。这些“资产”被寄予可发挥如下功效，包括减轻竞争压力、助力供应链的控制、产生许可收入以及提高组织的生产效率。

一个组织的产品与服务质量或商业上成功都取决于如何合理正确地管理这些基础知识资产。尽管存在这种相依性，大多数组织在某种程度上，却想寻找一套与其产品和服务的管理流程相分离的且独立的知识资产管理流程。

拥有关联业务流程的组织不希望将其知识资产组合与商业战略相对应。而实际上，只有将知识资产管理完全整合入既有业务流程和商业文化中，组织才可以顺利完成知识资产的开发、保护以及利用。同样，如果管理不同形式的知识资产的责任机制被分离，组织必然无法充分利用其知识资产组合。这种情况下，客观上需要一套完整的知识资产管理综合方案（IAM），图1.1标示知识资产整合管理方案涵括的六要素。

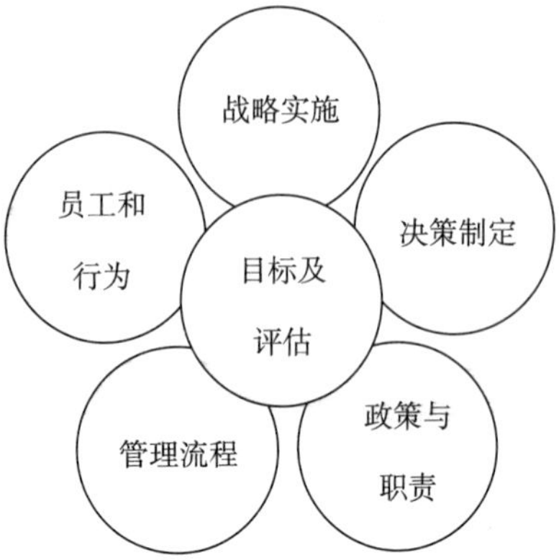

图 1.1　知识资产整合管理的六要素

决策制定

现有决策制定部门和决策辅助体系（例如，项目审批和投标/不投标决策软件）应该了解并充分考虑可用知识资产的充裕程度以及知识资产管理的质量水平。提交给决策部门的知识资产规划需采用类似于财务数据信息提交方式。若提交的目标性知识资产规划内容与组织内部公认准则相冲突，决策体系可能需要对规划应提交内容加强政策性指导。进而，组织责任体系应明确知识资产规划制定、评估以及执行的职责。

战略实施

高级知识资产战略应能明确知识资产在组织内的作用，从而指导组织管理和决策制定。知识资产战略应涉及以下问题：

- 如何管理支持组织关键差异化和使能能力的知识资产；
- 能否通过知识资产的许可产生收益，如果能，实现的可能性有多大；
- 组织如何利用商标去建立、保护以及挖掘其品牌价值。

政策与职责

知识资产战略为决策制定者们提供必要的指导，而政策的作用可视为通过明确强制执行或禁令行为（例如，尊重第三方知识产权权利）以提供约束条件。知识资产战略中，除陈述具体实施行为外，还应明确责任人，确保组织贯彻执行知识资产规划。然而，在制定知识资产政策时，同样需要适当权衡自主管理和强制政策的关系。

员工和行为

知识资产管理应该考虑并调动组织内部所有员工的作用。然而，大多数组织将知识资产管理委派给一个独立职能部门完成。为了提高知识资产管理的效率，应改变思维并提高员工素质。强化知识资产管理意识，不仅需获得高级管理层的支持，同时还需改善，如在培训方案中添加优秀实践案例内容，以及在项目规程和组织能力框架描述文字中体现员工应具备的知识资产技能知识。

目标及评估

为强化知识资产管理，高级管理层或法人团体应对知识资产运营状况和资产组合健康度进行常规周期性评估。关键绩效指标和知识资产组合健康度指标在评估过程中充分使用以确立项目目标并时时监控项目实施情况。

管理流程

除上述五方面内容外，组织还应使用一整套详细的流程来管理知识、信息、专利以及商标等。该管理流程不仅应能确保技术秘密可共享化，还应提供专利和商标申请费用统计方式功能。应明确该管理流程与上述其他知识资产管理方案内容相结合，且提供必要支持。

第 2 章 背景知识

知识资产管理相关定义

“知识产权”（IP）用来描述包括文献、图表、数据库、软件、程序、专利以及商标在内的一系列的知识资产。

“知识产权权利”（IPRs）指的是由国家授予，用来约束擅用知识产权行为的权利。某些知识产权权利可以自动被授予，而另外一些则必须通过昂贵的法律程序才能获得或维持。附录 1 提供详细阐述。

“知识资产”（IA）用于描述组织的知识财产和知识产权权利，以及技术秘密和声誉等无形资产。

“组织的知识资产战略”应清楚地陈述知识资产商业作用，并为决策制定提供清晰的指导。

“组织的知识资产政策”应清楚地定义强制执行或禁令行为。

组织承担的项目、开发的产品与服务都应具有契合目标的知识资产规划，用以明确对于预期产生或涉及的知识资产的管理行为。实现项目、产品或服务利益时，知识资产规划也必须符合组织知识资产战略和政策要求。

知识资产管理的目标

PricewaterhouseCoopers 曾将知识资产管理（IAM）描述为持续的、

结构化管理流程，使组织能充分利用其专利、商标、版权、商业秘密以及专有技术秘密创造提升股东价值和竞争能力的机会。知识资产整合管理应能：

➢ 最小化第三方对关键知识资产的使用与开放性挖掘；

➢ 确保本组织对关键知识资产的持续使用权与开放性挖掘；

➢ 提高关键知识资产价值的可见性，并确保对其充分的挖掘。

而每个目标又可分解为如下描述的多个任务：

最小化第三方对关键知识资产的使用与开放性挖掘，其包括：

➢ 建立内部运作体系，维护商业秘密和专有信息的机密性；

➢ 取得譬如专利和商标所赋予的知识产权权利；

➢ 监控第三方的商业活动，确保他们充分尊重本组织的知识产权权利。

确保本组织对关键知识资产的持续使用权与开放性挖掘，其包括：

➢ 确保拥有符合要求的内、外部知识资产源；

➢ 避免侵犯第三方的知识产权权利；

➢ 从第三方收购或获取知识资产使用许可。

提高关键知识资产价值的可见性，并确保对其充分的挖掘，其包括：

➢ 确保获取和分享支持差异化和使能能力的技术秘密；

➢ 在适当情况下，使用许可和出售方式确保对知识资产进行内部和外部的充分挖掘；

➢ 评估知识资产的作用、实用性及价值，以辅助其管理（见表2.1）。

如表2.1所示，部分行为通常以知识资产管理名义执行，而其他则以知识管理名义实施。知识资产管理需要将以上两方面整合以满足组织的需要。

表 2.1　智慧和知识的整合管理

保　护	自　由	挖　掘
最小化第三方对关键知识资产的使用与开放性挖掘	确保本组织对关键知识资产的持续使用权与开放性挖掘	提高关键知识资产价值的可见性，并确保对其充分地挖掘
建立内部运作体系，保持商业秘密	确保拥有持续可用的内部和外部知识资产	确保能获取和分享支持差异化和使能能力的技术秘密
取得譬如专利和商标所赋予的知识产权权利	避免侵犯第三方的知识产权权利	在适当情况下，使用许可和出售方式对知识资产进行充分的内部和外部挖掘
监控第三方的商业活动，确保他们充分尊重其知识产权权利	从第三方收购或获取合适的知识资产使用许可	评估知识资产的作用、实用性及价值，以辅助其管理

■ 知识产权管理；■ 知识管理；■ 知识资产管理

第 3 章
知识资产战略

在讨论知识资产战略的内容和功能之前，有必要理解“战略”的概念。“商业战略”的概念可能有助于其理解：商业战略详尽描述商业运作的方向，为决策制定提供清晰的规章框架。

类似，知识资产战略可以被认为是一份描述知识资产商业作用文献，并为决策制定提供清晰的规章框架。然而，战略不会顾及单个项目需求而是为了组织整体利益所制定的行为需求，这种需求容易被单个项目忽略。

知识资产战略可为决策制定者们提供信息，指导，并确定目标。因此，此种战略被认为可以解决如下问题：

➢ 什么是组织的核心能力以及如何使具有支持性的知识资产得到保护，即，如何建立“专利资产”保护核心竞争力，以及如何使用技术秘密去维持竞争优势，等等。

➢ 出于战略上的原因，如何实施许可，包括：建立具有行业标准水平的技术，共同承担产品研发和发布带来的风险和不确定性，以及提供速度更快/范围更广的市场准入，等等。

➢ 明确知识基础的差距，以及如何填补这些差距。

➢ 是否申请专利，保护使用中的那些无形发明，即：组织可能只决定为制成品中可见的发明申请专利，而忽略对出现在生产环节中的发明提请专利申请。出现此种情况的原因在于组织难以监控生产环节中的发明侵权。

➢ 在何处以及如何使用和宣传组织专用标识❶。

每个组织的知识资产战略涉及的核心主题都不相同。然而，如果有意提升战略价值，则应集中解决缺陷问题或挖掘发展方向。知识资产战略根据项目、产品、或服务的等级，对战略决策制定者提供必要指导。其作用在于如下方面：

➢ 帮助决策的制定（例如，指定产品或服务的营销区域战略有助于为专利覆盖范围提供决策支持）；

➢ 限制职能部门的决策（例如，指出不应该向第三方公开信息的区域，即使这种信息公开有助于实现单个项目的利益）。

“战略”术语误用

很多不同类型的文献被仿效为“战略”。每个重要的项目、产品和服务都有相应的行动规划阐述如何管理预期产生或涉及的知识资产。然而，这些行动纲领性的文献仅仅描述具体行为，其只能称为规划，而非战略。知识资产规划由知识资产战略指导制定，并且组织的决策制定体系也应对知识资产规划内容进行规制和审查。关于更详细的知识资产规划，请参考第 12 章内容。

需强调的是，知识资产战略不是关于管理流程以及组织有效管理其知识资产掌握能力的简单描述。虽然组织需考虑这些流程的充足性，及如何强化这些流程，但这并不属于知识资产战略的内容。

本书第 8 章至第 11 章主要描述了知识资产管理流程，主要包括：

➢ 专利委员会；

➢ 知识数据库；

➢ 发明人奖励方案；

➢ 如何满足探索和管理知识产权权利的成本需求；

➢ 知识产权/知识资产功能的作用、组织结构和报告结构。

如图 3.1 所示，相对于知识资产规划和流程，知识资产战略有截

---

❶ 组织专用标识是指代表整体形象的组织商标，而非单个产品或某项服务的标识。

然不同的侧重点和功能。

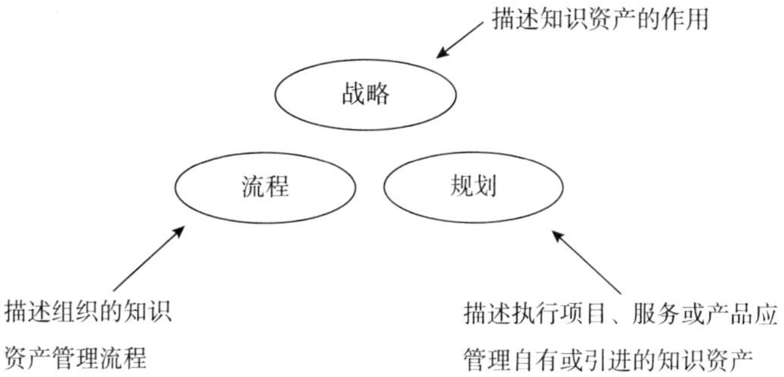

图 3.1　知识资产战略、流程及规划的作用

知识资产战略的内容

旨在明确知识资产的作用，进而指导决策制定，知识资产战略需要确定组织内部知识资产管理面临的主要问题，包括：

➢ 竞争对手、客户、供应商以及经销商是否想复制或仿造产品或服务；

➢ 竞争对手、客户、供应商以及经销商能否尊重组织的知识产权，若答案为否，能否采取积极的行动来保障自身权利；

➢ 哪些知识资产需要作为投入用于合资企业或其他形式的联盟；

➢ 哪些是申请知识产权或商业化的关键区域；

➢ 竞争对手、客户、供应商以及经销商的创新点，以及本组织对此如何应对；

➢ 自有品牌的作用，以及自有品牌如何发展。

了解组织存在于何种商业环境，确定关键的知识资产以及对其进行维护，加强或分享的必要行为。

组织知识资产战略主要（侧重）组织差异化和使能能力的管理，而单个项目、产品或某项服务的知识资产规划与组织整体利益存在不一致需求。

正如上面强调的，若有意提升战略价值，则应集中解决缺陷问题或挖掘发展方向。——尤其针对项目或服务。一般而言，以下三个方面需要提供指导：

➢ 如何管理与组织使能能力和差异化能力相关的知识资产；

➢ 组织专用标识研发和使用；

➢ 许可对于现有商业规划促进作用，或从预期开发市场中获取利益。

以下将对上述内容进行详细阐述。

差异化战略和使能能力战略

在明确指导如何管理知识资产之前，应首先明确组织使能能力及差异化能力。

差异化指的是排他性使用的能力，它可以，或是可能提供商业上的优势。差异化是一种组织通常想要拥有或控制的能力。

使能能力是具有有限可用性（比如技术秘密或来源于组织内部的专业软件）的能力，这些能力对优质产品和服务的交付起关键的，或是相当大的影响。使能能力是组织可能想要考虑从外部征集的能力，前提是它能创造出更广泛，且更安全的供应基础。

差异化和使能能力，涵盖内容涉及项目管理的多元化准则，特殊化学反应之类的专业技术等。但一般来说，它们用于支持图 3.2 所示的一系列的产品或服务。差异化和使能能力可能存在于如下领域：

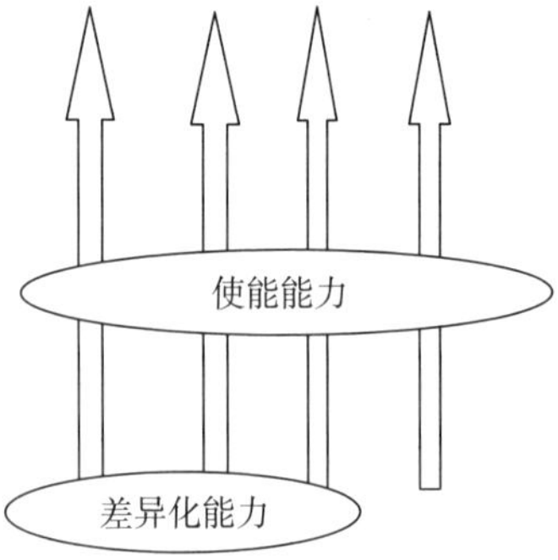

关键：单个产品或单项服务。

图 3.2　使能和差异化能力支持的一系列产品和服务

- 产品制造/服务交付；

- 供应链及其管理；
- 客户管理（吸引/维系/互动）。

若组织拥有大规模类似能力，则有必要在组织内部形成多个独立的，能力等级的知识资产战略。如图 3.3 所示，存在公司等级和能力等级的战略；两者皆可在项目级别和服务级别对决策制定进行指导。

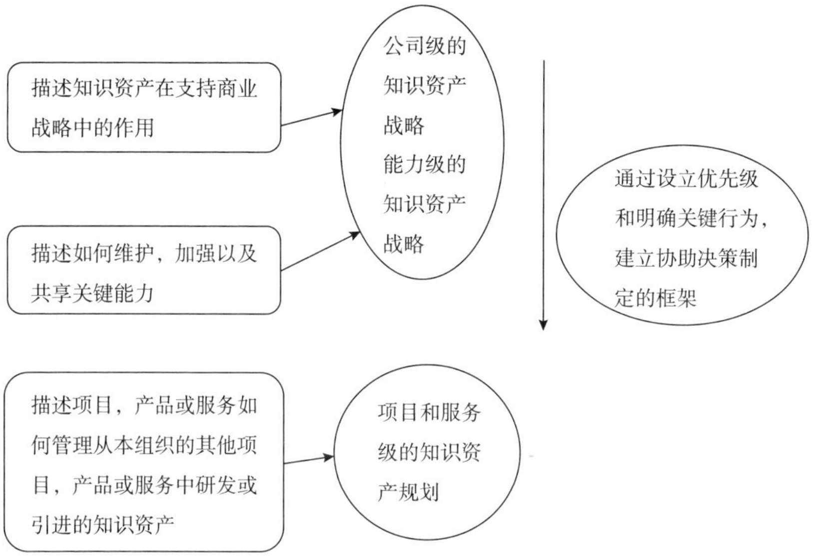

图 3.3　知识资产战略分解为项目级、产品级和服务级

通过使用标准可以区分差异化和使能能力。这些能力特征，和对应使用的标准，会因业务范围和组织的不同而产生差异。因此，以下的特征并不是最终的完结列表，而是对其属性进行的标示。不过，一般来说，关键差异化能力和使能能力具有以下特征属性：

- 具有跨种类产品/服务的应用；
- 对成本和质量具有通用的和特别重要的影响；
- 对客户的吸引/维系具有重要性；
- 对因安全和监管因素成为必要属性；
- 影响组织生产线的运营；
- 具有高附加值/利润；
- 对于供应链的有效管理尤为重要。

另外，差异化也可以作用于：

- 创建真正的产品或服务，或被客户群认为是不同于其他供货商的产品或服务；
- 降低成本基础，或增加竞争者的成本；
- 通过使用知识资产权利或保持技术机密性实施保护行为（若没有禁止第三方复制能力，则不被视为是差异化能力）；
- 优于竞争对手所提供的产品；
- 为新市场的建立提供渠道。

差异化能力和使能能力排名

明确组织的差异化能力和使能能力后，有必要对其重要性进行排名，以便正确地确认管理重心以及资源优先情况。

如下规则用于建立本排名体系。

差异化能力

+ +	现在，或将来有可能成为赢得或保持市场地位的关键
+	现在，或将来有可能成为重要竞争优势源
=	现在，或将来有可能成为竞争优势源
-	现在，或将来有可能成为次竞争优势源
- -	可能会成为竞争优势源，但作用不是很确定

使能能力

+ +	确保持续使用，目前，或将来有可能成为成本效益的产品和服务交付的关键
=	确保持续使用，目前，或将来有可能成为成本效益的产品和服务交付的重点
- -	确保持续使用，有可能成为成本效益的产品和服务交付的重点

明确差异化能力和使能能力，对其重要性进行排名之后，知识资产战略将需要解决项目级、服务级、或产品级知识资产规划所忽略的管理性问题：

- 在差异化战略下，应采取行动使竞争对手、客户、供应商及经销商的使能能力最小化；

➢　在差异化和使能能力战略下，应采取行动确保能力的持续使用和开放性挖掘；

➢　在差异化战略和使能能力战略下，应指定管理人员负责维持上述能力的健康度。管理人员应被赋予决定权决定知识资产是否能与第三方共享，等等。

组织贯彻执行知识产权战略能力水平的总结性报告呈送高级管理层或董事会，以确保具体执行策略被落实，并推动决策制定。表3.1即为此类报告所应遵循的格式。

表3.1　供管理层审阅的总结性报告

能力	差异化能力或使能能力	重要性	能力的适当性	保护措施			技术是否适宜许可给非核心市场	技术是否适宜许可给核心市场
				技术秘密	公开*	专利化		
离子化学	差异化	+	强	化学动力学	否	是（仅限美国、日本、法国以及德国）	否	否
项目管理	专一化	+ +	弱	否	是	否	否	否
客户数据库	差异化	+ +	强	是	否	否	否	否
质量检查	专一化	+	适当	否	是	否	是	是

* 组织决定公开其发明信息，可能出于以下目的：

（1）阻止其他人或组织申请专利；

（2）鼓励其他人或组织改进此发明。

许可战略

组织知识资产战略中另一个需要注意的领域就是，许可在支持商业规划中所起的作用。知识资产，尤其是知识产权的许可，原因众多，包括：

➢　获取利润；

➢ 在交叉许可中，取得第三方知识资产的使用权，或无需直接投资获取改进后知识资产权利；

➢ 在与竞争对手的交叉许可中，本组织的某些商业活动正在侵犯竞争对手的知识产权权利❶；

➢ 将自有技术标准确认为行业标准；

➢ 分担风险和不确定性；

➢ 提供更快/更广阔的市场准入。

因此，组织的知识资产战略需要明确许可在支持其商业规划方面的作用，例如：

➢ 组织通过将其知识资产许可给第三方，而不是以直接销售产品和服务的方式，来开拓某些市场领域；

➢ 组织通过许可一项技术，使之成为一项行业标准，虽然这可能导致在某些业务领域收益减少；

➢ 组织通过在与目前商业活动无关联的领域内的许可，来决定是否维持或继续挖掘知识资产。

此情形下，知识资产战略应以平衡许可活动中风险和收益为目标。例如：

➢ 如何确定知识产权权利适应许可的需要；

➢ 如何将现有的和即将产生的知识产权的失控性几率降到最低；

➢ 如何激励被许可方，获取收益，并收回因战略原因签订的许可的成本。

一些组织已经通过许可协议获得可观的收益——例如，陶氏化学，国际商业机器股份有限公司（IBM），飞利浦，以及英国电信集团，尽管这些仍是例外而非总体趋势。这些组织已经能够通过在其主要业务领域实施知识产权许可并获取较高的许可收入。换句话说，它们已经意识到，可以通过许可平衡风险和收益之间的关系，而不需要自主开拓多个市场。第 14 章将详细讨论如何确定适合实施许可的知识资产和

---

❶ 此类交叉许可经常出现在消费类电子行业。在此行业中，各个公司之间经常侵犯彼此的专利权，而交叉许可对各方来说都是比诉讼更有吸引力的解决方案。

寻找潜在被许可方的流程。

这些组织的成功使许多其他组织的管理层意识到，他们的知识产权组合也同样可以用来创造可观的许可的收入。不过，并非所有实施市场化运作组织，或者拥有知识产权组合的机构都可以使用许可的方式来创造合理的收入。实际上，专利几乎不会创造许可收入；调查表明仅仅5%的专利会被实施许可，而只有1%的专利产生了收益❶。另外，应注意到，一般情况下，技术秘密才是被实施许可的主要资产。专利是在挖掘被许可的技术秘密时，为许可方提供市场垄断作用。因此，除非具有支持性的重要的技术秘密、数据和信息，否则专利本身不具备太多价值。

当组织决定实施许可时，其知识资产战略也应该明确责任机制和后续所需资源。

专利战略

专利战略对支持使能能力和差异化能力相关专利联系的任何行为都应予以描述。然而，有很多问题最好在公司级别就能得到解决。例如：

➢ 正常条件下不具备市场化的发明，是否值得申请专利？一些组织认为只有侵权行为容易认定的发明才值得保护。这通常意味着关于制造流程的专利不值得申请。

➢ 哪些是针对特定业务部门的默认的申请程序？

➢ 对于和组织当前的商业规划不一致的发明，是否应该通过专利化进行保护？

商标战略

理想状态下，品牌应帮助组织传达其价值观，并由此向市场提供

❶ E. Kahn. Patent Mining in a Changing World [J]. Intellectual Asset Management, Sept/Oct 2003.

与品牌传达的价值观一致的产品和服务。例如：

- 易捷航空的品牌传达一种低价、简洁服务形象；
- 英国航空公司的品牌传达一种昂贵的，但传统的，高质量服务的形象；
- 索尼公司品牌传达一种创新理念和设计风格的形象。

强势品牌可以跨越多个市场领域和国家，甚至有助于团结和鼓舞公司雇员。不过，品牌也可能传达负面的形象，例如，麦当劳现在已俨然成为不健康生活方式的代名词。该公司也投入巨资来重新设计某品牌形象。

在甄选品牌时，因考虑其能否传达组织想要创立的形象。一个成功的品牌能让拥有者：

- 征收溢价；
- 出售更多的产品；
- 通过将“商标链延伸”引入新产品或领域，实现新的收入流；
- 提高吸引和留住优秀员工的能力；
- 协商更好的贸易条件；
- 进一步降低财务成本。

传统上的商标战略涉及：

- 品牌设计及认知度培养；
- 媒体策划/认可度；
- 媒体关系；
- 公司活动；
- 宣传行为；
- 新闻管理；
- 促销及产品发布。

商标战略应涉及品牌的建立、使用和实施，包括任何支持性商标的作用。就商标而言，需要理清如下观点：

- 哪个组织专用标志应该注册，或不应该注册。对于那些已经注册了的，则需要确定其保护范围。
- 采取必要措施确保品牌和商标的正确使用。这可能包括品牌如何呈现等指导性说明。

➢ 商标是否被实施许可，许可给了哪个组织、市场或产品制造商。

无论是图像（或称为图案），一个词汇（真实存在的或自创的），都能注册为商标。而大多数情况下，使用最多的是上述两者的组合。以上行为很明显也同样适用于图案和字标。

第4章 政策与职责

政　　策

战略提供辅助决策制定的框架，而政策用来阐述组织在商务情境中采取的立场。因此，战略可以认为是提供指导性意见，而政策提供行为实施约束性条款。示例性的知识资产政策声明可更好地说明这一问题：

- 本组织尊重第三方有效的知识产权权利；
- 本组织严格履行自身的知识产权权利；
- 除非基于组织整体的利益，否则不会向第三方公开任何专有信息；
- 本组织将保留由第三方代为开发的知识产权的所有权。

所以，不同组织的知识资产政策细节也必然存在很大差异。一些组织可能将他们的政策限定为类似于上述的声明。然而，这种政策声明也不过是套话，对业务运作没有任何帮助。相反，另一些组织的政策框架可能包含非常详细的运作流程，不仅描述应该做什么，还有如何去做。当政策内容涵括如此细节描述时，反而因庞杂的信息量而被无视，因此必须引导用户明确他们的职责。

按照如下方式分解陈述政策框架：

- 发布大量简短政策声明，明确组织在有限商务情境中采取的立场；

➢ 制定清晰的责任机制，声明谁具有此政策的实施权和解释权；

➢ 在每个政策领域确定若干个支持型活动——理想情况下，描述应该做什么，而非提供流程的详细描述和实施方法。如果流程细节信息可用，或许最好的呈述方式为单独阐述，与政策框架内容分离。

以下实例用以解释该方法：

政 策	组织尊重第三方有效的知识产权权利
责任机制	商务总监确定合适机制，对第三方的知识产权权利进行监控
活 动	每两个月，受组织内部的专利委员会委托，对已公布的专利申请书进行检索。并且每两年，专利委员会要对检索使用的关键词进行重新评估和更新

这种结构化的政策和责任框架用一种简明语言定义了组织对于重大评估采用的应对方式。

责任机制

因此，组织的知识资产政策应分解为清晰的责任框架，指定关键活动负责人员。

以下示例用以具体说明责任机制框架下，管理人员的主要职责：

➢ 监控包括许可权在内的知识资产的充盈程度是否满足业务需要，关于组织优势、劣势、面临的机会及威胁相关信息的适度传播；

➢ 保持支撑组织关键差异化能力的知识资产的健康度，以及和商业规划的一致性；

➢ 监控竞争对手的活动，确保其没有侵犯本组织的知识产权权利，只有威胁性行为真正被实施，知识产权权利才有可能成为真正的资产）；

➢ 监控和传播与客户、提供商、分销商以及竞争对手的知识产权权利相关的信息（可深入了解竞争对手的商业战略）。

通常，责任机制应设置在组织内部能从既定决策中获取利益或吸取教训的部门。然而，知识资产并非总对应单一的产品或服务。而且，项目的内部所有权在其整个生命周期中会产生变化，因此针对不同优先级事项有可能采取不一致观点，尤其在追诉知识产权权利时涉及的相关支出费用。应谨慎制定制衡体系。总之，知识资产领域的诸多决策必须得到管理层的接受或认可。包括：

- 批准与知识资产的保护、维持或中止相关的决策；
- 开发、批准知识资产管理流程。

另一个需要谨慎对待的是，确保责任机制由适合的组织人员执行。列举以下示例：

政　策	获取，保护，维持，以及共享知识资产，以获得组织整体的商业利益最大化
责任制	集团业务总监负责确保可评审的定制化流程能适当地获取，保护，维持，以及共享知识资产，以获得组织整体的商业利益最大化
授权责任机制	项目经理负责委托和执行定制化的知识资产规划 项目批准人负责评估项目知识资产规划的充分性 流程负责人负责确保项目审批流程需要提交的知识资产规划，并评估知识资产规划的完整性

此类关注点确认后，通过制定并评估责任的可见性任务，可以更好地推进知识资产管理（IAM）。

问题归属

合理地构建组织的知识资产政策及其支持性的责任框架，可协助业务部门和执能管理部门确定和优先安排因知识资产管理需要执行的任务。

使用这种政策框架可以确保重大问题的责任归属，并且在每个实例中，采取明确立场和行动。例如，下列问题需要明确责任承担人员，并接受组织职能部门常规评估：

- 对于发明人和发现第三方侵权的个人，是否应该建立奖励体系？
- 寻求知识产权权利（尤其是专利和商标）的成本，是否应该由项目、业务或公司承担？

➢ 若考虑到集团的课税情况，跨国公司内部知识产权归属问题？

政策执行监督和责任免除

为有效地确定责任归属和责任免除，通常有必要将责任机制应用于目前的管理系统中。尤其对于一个已拥有完整责任机制的组织应考虑：

➢ 在个人的工作职责说明中，明确表述可量化的绩效指标；

➢ 管理流程明确标准制定内容，例如，组织的门径管理系统可授权项目经理提交知识资产规划（详细方案内容见第5章）；

➢ 通过高层责任人对其合规性问题进行监督，大多数情况下，高层责任人指的是董事会成员。

责任框架可以下列格式呈现。

	合规性监控		
	工作职责说明以及业绩评估	管理流程	呈报董事会年度总结部分内容
市场总监监控包括许可权在内的知识资产是否满足业务需要，组织优势、劣势、机会以及威胁相关信息的适度传播	是		
专利职能部门主管监控和传播与客户、分销商以及竞争对手的知识产权权利相关的信息			是
研发总监维持支持组织差异化能力的知识资产的健康度，以及和商业规划的一致性	是		
项目经理委托和执行定制化的知识资产规划		是	

第 5 章 决策制定

通常，组织通过若干个规范化管理系统来权衡选择，进而作出商业决策。例如：

➢ 产品流水线生产管理流程，例如门径管理流程[1]；

➢ 销售漏斗模型，包括投标/不投标决策方案；

➢ S&OP（销售与运作计划）模型；

➢ 资本支出审批流程，例如 FEL（项目前期策划）。

政策制定系统通常对方案或商业规划进行接收和评估。这些方案应阐明其支持性的知识资产的健康度和管理状况。理想情况下，通过定制化知识资产规划陈述事实。

本书第 12 章将详细阐述复杂到简单级别的知识资产规划内容。其中，简要描述确认以下内容没有任何问题，包括：

➢ 任何专有信息或机密信息未被泄露给第三方；

➢ 和第三方合作中产生的知识资产的所有权属于本组织；

➢ 通过审查，有助于确认在知识资产的挖掘中不会产生其他不利因素。

组织的决策制定系统应评审知识资产规划的准确性和充分性。然而，大部分组织都缺乏对知识资产的整体理解，因此导致制定的知识资产规划质量较低，而且决策制定系统的评审级别也未达到要求。在无压力状态下提交的知识资产规划的质量无法得以提高。问题主要集

---

[1] R. G. Cooper. Winning at New Products：Accelerating the process from Idea to Launch [M]. Perseus Publishing，2001.

中在：

➢ 项目审批/评估专家组应有一名或多名成员接受专业培训，有能力评估提交的知识资产规划；

➢ 在业务、产品或服务周期内的关键阶段设立涉及知识资产标准问题，如建立门径管理流程；

➢ 形成模板化的知识资产规划或“备忘单”，供制定和评估提案的人使用；

➢ 修正组织目前的职责体系，使之制定、评估，以及执行知识资产规划的权责更清晰化。

门径管理流程

在讨论如何使用门径管理流程提升知识资产管理的水平之前，有必要考虑一下管理工具设计思路。

门径管理流程指出，项目（连同产品和服务）都要经历一系列发展阶段，并且认为在每个决策点，项目都应该接受评审：

➢ 决定项目是否值得继续投资；

➢ 监督项目执行的充分性；

➢ 设置或确认目标；

➢ 资源有限情况下，仅优先考虑重点项目；

➢ 每次评审（又称“关卡会议”）都采用通用格式。

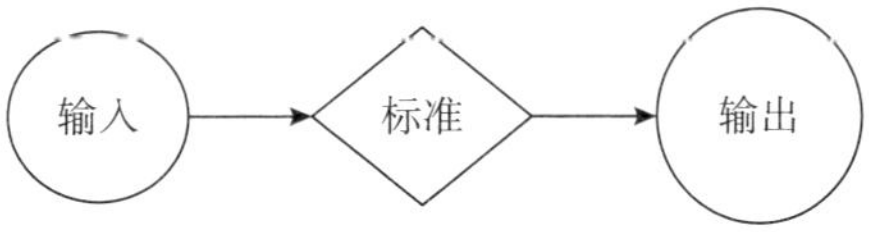

输入：描述项目及其状态。

标准：一套标准问题和规则，验证项目是否应该继续进行。

输出：继续/中止/维系决策，以及为项目达成一致的行动规划。

通常会用到四种标准：

➢ 一般需要证明项目具有高于某一最低值的财务收益能力。

➢ 研究以往成功运营的项目，并确定其一般特征。新创立的项目需使用特征表进行评估。

➢ 评估客户群对于产品或服务的接受度。

➢ 评估项目与组织拥有的其他产品或服务的匹配程度——此方法用于确保项目的多种组合性。

每种标准都具有其优劣性。实际上经常使用的是混合标准或是混合法。

如上文表述，大多数项目的成功取决于其支持性的知识资产的健康度及有效管理水平。因此，知识资产标准及问题成为关卡会议主导内容，则是合理的。然而，关卡会议上经常提及的知识资产问题是："专利保护的状态如何？"这种级别的评审很明显还很不充分。

为了保证门径管理系统能恰当地实施知识资产管理，每次会议内容必须包括：

➢ **输入**：每个项目需要提供一个目标性知识资产规划；

➢ **标准**：使用的标准和问题应可以评估项目知识资产的健康度和管理水平；

➢ **输出**：在项目被提交到下一关卡之前，应确定需要解决的任何知识资产问题。

输　　入

有关知识资产规划的内容将在第 12 章详述，其核心在于能回答以下五个问题：

➢ 客户、合作伙伴、供应商、分销商和竞争对手对关键知识资产的使用范围和复制许可是否适合？

➢ 由项目产生或被引进的项目知识资产是否不存在阻碍资产使用的第三方权利？

➢ 项目对知识资产的使用是否对其他业务活动有负面影响？

➢ 项目进展过程中需要使用的知识资产是否可用？

➢ 项目是否应当引进现有的知识资产，或者与其他业务部门或第三方分享正在形成的知识资产？

关卡标准：问题

关卡会议上提及的问题总会根据意向提议的类型（研究和开发项

目、工厂设计与制造，等等）而有所差异。例如：

➢ 除其他问题外，项目审批流程，应该了解专利保护对于商业上的成功是否是必要条件。如果需要申请专利，那么相应的保护是否恰当或应该予以实施。

➢ 除其他问题外，投标/不投标决策制定系统，应该审核专有信息是否可向客户公布。如果答案肯定，对组织整体的影响是什么?

➢ 除其他问题外，对项目承包人评审流程，应该审核正在形成中的技术秘密对于组织的重要程度。为确保技术秘密内部所有权，评估此项工作是否应该由内部承担。

应于提议周期内恰当时间点审核上述问题。例如，在合同投标之前，就应该处理信息公布对于客户的影响，而非临近信息公布时间。

关卡标准：资本回报率

通常情况下，为知识资产本身设置最低资本回报率是不恰当的——相反，鉴于关卡会议制定的指标，正确的做法是明确知识资产的作用和影响。例如，必须估算项目的经济价值时，应该考虑如下几点：

➢ 优势专利的授权概率，以及任何不确定性的财务影响；

➢ 正在形成的技术秘密对组织整体的潜在价值——不仅仅针对项目；

➢ 当向第三方公开的专有信息属于项目执行的固有信息时，必须考虑该信息公开对组织可能造成的财务影响。

关卡标准：评审标准表单

亦可使用上述讨论的标准化问题促使项目团队关注和讨论提交给关卡会议关键意向信息。

其中可能涉及的一个问题：数据库和实践社区已被用于检索数据、信息、设计方案、最优做法以及以往项目运作经验等？很明显，假如不能肯定地回答这个问题，则项目团队就必须解释没有实施检索的原因。

可将此类问题归纳整理为一份评审标准列表，或者评审标准表单。

此类列表可以：

➢ 使项目团队迅速确定应采取的行动；

➢ 使项目评审人员明确项目评审内容。

评审标准表单如表 5.1 所示。

表 5.1 知识资产评审标准表单

知识资产选择表	
基本问题： ➢ 客户、合作伙伴、供应商、分销商和竞争对手对关键知识资产的使用范围和复制能力是否适合？ ➢ 由项目产生或被引进的项目知识资产是否不存在阻碍资产使用的第三方权利？ ➢ 项目对知识资产的使用是否对其他业务活动有负面影响？ ➢ 项目进行过程中需要知识资产是否可用？ ➢ 项目是否应当引进现有的知识资产，或者与其他业务或第三方分享正在形成的知识资产？	
知识管理	
是否已通过使用数据库和实践社区来检索数据、信息、设计方案、最优做法以及以往项目运作经验？确定的技术秘密是否已经或将要被引进项目中？	□是 □待讨论
项目可明确在组织内部和外部获取和传播的技术秘密信息？实施是否需要专用资金和特殊举措？	□否 □待讨论
是否存在可能影响项目交付的技术和信息短板？若存在，在哪些领域会影响其他项目？	□否 □待讨论
项目是否具有权限使用客户、合作伙伴、供应商和竞争对手通过这个项目公司引进的技术秘密？若可以，如何管理这些技术秘密？	□否 □待讨论
项目是否利用了组织的差异化或使能能力战略？如果是，哪些项目已经或将要使用？是否已经明确不足之处？	□否 □待讨论
保　护	
项目是否将要对客户、访客、合作伙伴、提供商、竞争对手或社会公众公开商业敏感性或有价值的信息？如果是，是否已经采取有效行动将风险最小化？而且，继续实施项目的益处是否大于风险？	□否 □待讨论
项目的商业成功是否依赖于专利、商标或已注册的外观设计？如果是，目前的或预期的知识产权权利是否足够充分？	□否 □待讨论

续表

知识资产选择表	
保　　护	
是否存在描述如何管理创新的规划——技术秘密、出版物或是寻求知识资产权利——成本是否合理？是否定期评审这些创新——包括公司在供应链上拥有的权利？	□是 □待讨论
是否监控第三方的活动以确定潜在的侵权行为？是否具有已确定的潜在侵权案例？	□是 □待讨论
合同问题	
项目或组织是否需要提供知识产权担保、保证或补偿？如果是，其价值何在？是否已经作出合适提议？风险能否规避？	□否 □待讨论
项目是否由第三方主张的知识产权担保、保证或补偿？如果是，他们是否值得信赖？	□否 □待讨论
第三方或集团公司是否提供知识产权？如果是，针对特许费/转让费、负债、知识产权信息公开，以及预期产生的知识产权归属是否已经达成协议？	□否 □待讨论
项目是否能产生公司不具有或拥有合适权利的有价值的知识产权？该情况是否可以接受？如果不可接受，应采取什么行动？	□否 □待讨论
许可在项目商业规划中，或产生项目之外的收益和工作？例如，是否可以利用许可增加市场开拓速度/规模，客户为知识产权（即作为成本开支）的使用是否支付费用，等等？	□否 □待讨论
威　　胁	
项目中是否已经存在从第三方引进的知识资产？如果有，是否已经被赋予适当的权利进行深度挖掘？	□否 □待讨论
是否存在可能阻止项目进行的第三方知识产权？如果有，是否应该或已经进行了尽职调查？	□否 □待讨论
重要的知识资产是否与合作伙伴共享？如果是，是否应该并且已经建立起应急方案规避可能因合作关系破裂导致风险？	□否 □待讨论

第 6 章
员工与行为

员工和管理层通常都将知识资产管理，特别是知识产权管理，看做是其他人的责任——一项应由核心职能部门处理，而不需要他们任何参与的活动。相反，真实情况是：知识资产管理是组织内部所有人的责任。知识资产管理需要建立一支经过培训，知晓自身作用和责任的员工队伍。员工建立责任意识，培养必要技能是决定组织能否提高知识资产管理水平的关键因素。

本书中描述或涉及大部分具体支持性的行为都不应该由知识资产专家全权负责。每位员工都应该将知识资产管理当做其日常工作任务中的一部分。例如：

➢ 营销人员应知晓其组织的专利组合的覆盖范围，这样当监控竞争对手活动时，他们才可能确定潜在的侵权行为；

➢ 项目经理，或他们能支配的人力资源，都应该具备足够的知识资产管理的知识，这样才能起草和执行知识资产规划；

➢ 发明人具备检索商用的专利数据库的能力，这样才能监测第三方的技术发展。

每个员工都需要清楚他们所承担的责任和需掌握的技能（或需参与培训），并且接受行为监控。可以通过以下的组合方案来实现：

➢ 工作职责说明应包含知识资产管理的内容。如果组织已经使用技术能力系统——描述特定职位的员工应该掌握的技能，则该举措具有实质性意义。

➢ 应当提供培训——尤其可以帮助员工制定知识资产规划（此

处，培训应辅以提供模板化的知识资产规划）。

➢ 建立内部网络，对被赋予特定知识资产管理责任的员工以及有意向加深对此领域理解的员工提供信息。

加深对知识资产管理的理解，有助于强化知识产权和其他法律职能部门业务透明公开性，并由此促进它们参与决策制定。

技术能力

组织使用能力框架去确定特定员工群体应掌握的技能，此外应考虑在这个框架中加入知识资产技能。可以整合到现有技术能力中的技能包括：

特定员工群体	知识资产技能
项目经理	明确了解项目承担的关键活动，从而获取、保护、维持和共享知识资产，进而增强组织的竞争水平
发明人	能够探寻已公开的第三方专利的信息的来源，也能够知晓目前本领域内第三方的专利活动❶
一般员工	理解，及能够描述个人在保护组织的专有技术秘密方面的作用

这些知识资产标准可以用于既有能力体系中，或专门针对那些在管理组织的知识资产方面起主要作用的员工建立一套新的能力体系。而一旦准备就绪，业务规划的进展则取决于对知识资产管理发展与应用深刻理解的员工的行为。

❶ 为防止被指控其员工故意侵犯第三方的知识产权权利，一些组织禁止员工使用组织外商用/非商用专利数据库。美国公司常规定此禁令。然而，禁止使用这些有价值的信息源是一种反应过激的行为，尤其当员工接受足够的培训时，就能自然地意识到风险。

第 7 章
目标与行动

高级管理层或法人应定期审度知识资产如何有效被运营部门甚至整个组织运用。结合清晰的责任机制、政策和战略的运用，可极大推动知识资产管理工作。

审度过程中，如图 7.1 所示的质量指标和其他指标被广泛用于三个方面。

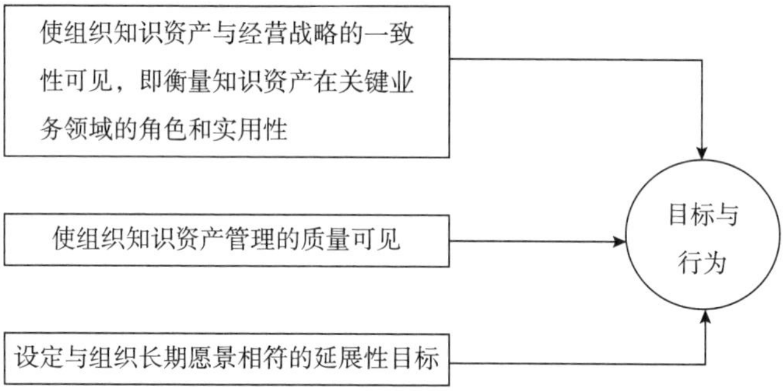

图 7.1　目标与行为

知识资产与经营战略一致性

尽管在不同情境中术语使用有异，但“知识资产”两个基本特性应被明晰阐述。

➢ **作用**：应使用度量指标衡量指定知识资产类型对商业成功的潜在重要性（例如，商标呈现出的产品的差异化，使客户在同类产品中

愿意选择这一产品);

➢ **效用**:应使用度量指标衡量特定知识资产是否符合目标(例如,商标是否成功创造差异化产品)。

如果度量指标用来表示上述特征,则作用和效用分值不均衡将暴露管理所需解决的问题。

度量指标使用常限于组织的关键知识资产评估。显然,为所有的知识资产生成作用和效用度量指标不太现实。因此指标使用趋于集中在两个领域:

➢ 专利——因为专利成本高;

➢ 有利于关键差异化与使能化的知识资产(见本书第3章定义)。

本书的第16章将阐述评估作用和效用分值的方法。

知识资产管理效果

此外,还应监测组织知识资产管理的效果。度量指标的使用不仅可反映组织知识资产管理的缺陷,同时也能突出最佳采用的措施。

某些度量指标评估方式简单且容易实施,可简略反馈“是”或“否”。例如:

➢ 责任机制是否明确?若存在责任委托,审批与汇报机制是否被明确定义?

➢ 岗位描述是否适当涵括知识资产管理的责任内容?对员工应具备的技能是否存在常规评估标准?

➢ 是否确定组织关键使能化和差异化能力?是否存在与之分别对应的知识资产战略?

➢ 定期评估为知识资产保护尤其是专利保护投入的资金最低资本回报率,以确认合理程度。

这类度量指标用于指导各个业务领域开展的具体活动。

度量指标,还可用于反馈如何有效运用知识资产管理系统。例如,可间接地监测并用图表呈现项目审批周期中知识资产规划的效果,如图7.2所示。

表 7.1 确定了适合制定一系列详细度量指标的七个领域。对照这些度量指标进行行为评测，可在这七个领域中分别汇总分数值。该示例使用简单的红绿符号表示总分值。

这类总结能帮助高级管理层或董事会快速了解组织的综合运营情况，以及需要关注的主要领域。

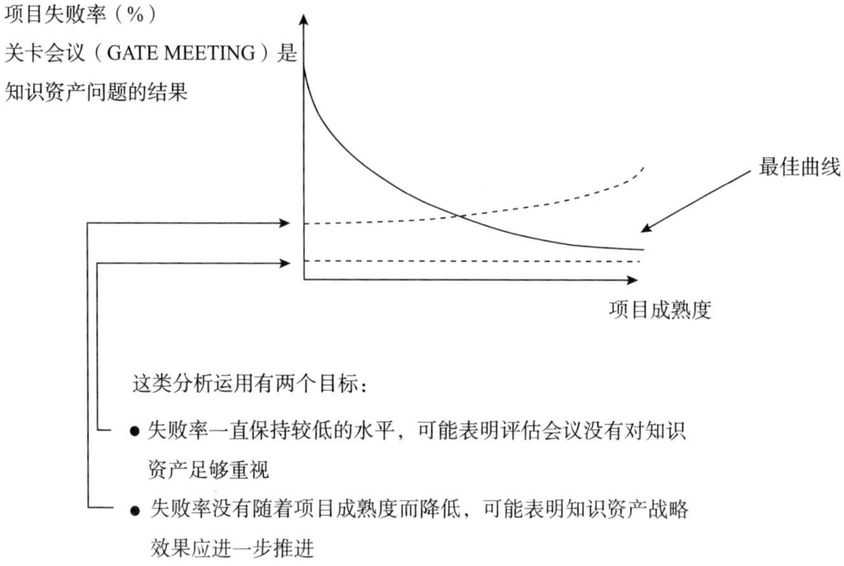

图 7.2 使用度量指标评估知识资产规划的效果

延展性目标——持续改进

上述度量指标仅监测组织现有知识资产管理系统的运行状况。

运营层阶式发展会产生改善现有体系的需求，此时可使用“平衡计分卡”。[1]

平衡计分卡是将组织的战略使命转化为有形和可测度的目标。具体来说，这种战略管理体系力求将企业战略目标逐层分解转化为有形目标。平衡计分卡打破了传统的单一使用财务指标衡量业绩的方法。

[1] R. S. Kaplan, D. P. Norton. The Balanced Scorecard: Translating Strategy into Action [M]. Boston: Harvard Business School Press, 1996.

这一体系的开创者罗伯特·卡普兰（R. S. Kaplan）与戴维·诺顿（D. P. Norton）表示："平衡计分卡将组织战略与愿景而非管理置于核心地位。目标明确的情形下，人们将采取任何有助于达成目标的措施。"❶

建立平衡计分卡流程一般包括以下几个步骤：

- 确定组织整体的关键成功因素（CSFs）；
- 制定关键绩效指标（KPIs）；
- 设定短期目标；
- 战略实施层面应用分数卡和短期目标。

表 7.1　知识资产指标样例

目　　标	状　　态	主要措施和时间表
决策制定：公司的关键决策制定者和执行者是否了解并考虑到可利用的知识资产的充裕度和管理效果？	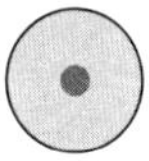	
政策与责任机制：是否制定清晰的公司政策，界定应尽责任以确定关键管理行为和责任归属？	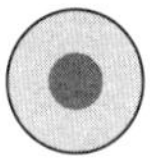	
战略：是否存在明晰详尽的战略表述知识资产于组织内的角色，尤其针对政策制定方面的作用。是否存在针对管理工具的详细战略表述。	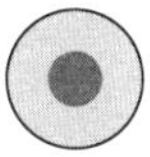	
评估：是否进行评估并反馈，公司知识资产组合的健康状况和知识资产管理质量？		
员工和行为：是否明确骨干员工需掌握的知识资产技能？是否提供相应的培训并关注员工的工作能力？	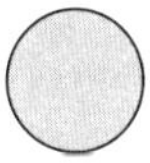	
知识管理：知识管理系统是否确保关键技术秘密被确定、获取、传播和使用？	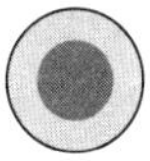	
知识产权职能：知识产权职能部门运营方式和体系是否与组织运营需求保持一致？	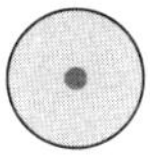	

例如，某个组织的战略目标是在 5 年内市场渗透率增长 20%。这

❶ Ibid.

个目标可分解为一系列关键绩效指标（KPIs）以最终实现市场战略，具体措施可为以下两点：

- 确保组织 X、Y 的布局安排；
- 维持边际收益同时降低销售单价 5%。

这些绩效衡量指标最终将分解为具体措施与短期目标，组织管理层可在战略实施层面付诸实践，如：

- 降低 10% 部门成本；
- 降低 15% 库存水平。

组织应当制定涉及知识资产以及知识资产管理的平衡计分卡指标。然而制定这样的指标通常具有挑战性。理想状况是描述知识资产效果的度量指标应当被平衡计分卡使用。举例来说，应制定一个明确目标——所有项目的知识资产作用和效用分数的平均差距小于 10%。由于计分方式具有主观性，目标的制定不可避免地影响绩效分值。

因此，涉及知识资产的目标通常集中于：

- 衡量知识产权管理系统（如上所述）的实施性与有效性；
- 对照常规目标与绩效衡量指标评估组织绩效的同时，确保知识资产效果被纳入应有的考虑范围。

此外，正确地看待知识资产在组织关键成功要素、关键绩效指标和目标实现过程中所起的作用尤为重要。实际工作过程中很容易就忽略这一点，尤其是应当考虑四个传统目标设定领域：

- **财务**：这一领域中目标可包括特定业务，产品或服务的明确边际利润率或营业额。
- **客户**：为客户保有率和市场份额等因素设定指标。
- **内部业务流程**：以设定一系列业务流程的指标为特征。业务流程包括确定市场机会，配送货品或售后管理等。因此目标可包括库存周转速度，产品线中新产品或退货的数量。
- **学习和发展**：指标集中于实现既定计分卡目标所需的技能和系统。因此目标包括员工技能或业务关键信息的测量。

知识资产显然在这些领域都起到一定的作用。制定目标和度量指标中应留心突出和识别知识资产与这些领域之间的相互关系。例如，预测利润时，应包含寻求知识产权保护的成本（即使成本由公司支付）。如果最终获得的知识产权比预期更弱（或更强），应考虑相应的风险和财政后果。

还应该在内部业务流程和学习与发展领域设定目标。例如：

➢ 90%的专业员工于xxxx年完成知识产权认知课程；

➢ 90%的项目于zzzz年进行项目后期评审，确定应从知识管理系统获取的知识资产；

➢ 至xxxx年，为所有组织差异化能力评定知识资产作用和效用分值；

➢ 组织知识资产规划于yyyy年涵盖20%的组织差异化能力。

知识资产管理关键作用

显然需要某个职能部门或个人对目标设置和绩效监督负责。

随着组织创建自主业务部门的趋势增强，法人团体的角色通常仅限于战略制定和评估。这种环境下，知识资产管理关键作用应包含使用与上述度量指标相似的指标评估运营业务部门管理知识资产的有效性以及知识资产组合健康状况。

本书的第16章将对这个问题进行进一步的阐述。

第 8 章
流程——知识管理

自首次提及至今，知识管理历经多次革命性变迁。起初知识管理集中运用于 IT 系统，其目的是为了存储、索引并且方便查找组织已存的文档。然而，现今的知识管理远远不止文件管理这么简单。创建大型的原始信息数据库，虽然有些用处，但是不足以确保组织有效地分享知识资产。现代的知识资产管理还增加了以下四项要素：

➢ 明确关键技术秘密并编撰摘要，以增加它的可见性。这一活动并不力求获取细节，而是简单地描述其作用、应用和联系要素。这些作用总结性信息可存储在中心数据库并被分享。

➢ 在目标领域内形成社区，鼓励常见的组织结构之间分享问题和解决方案。

➢ 编辑整理并获取隐性知识，有助于其分享或保存。然而，人们应清楚认识到大多数隐性知识并不能被有效获取。因此应谨慎选择此选项。

➢ 通常以知识地图的形式获取并存档组织知识概览信息。它不仅包含组织的知识基础源，还存有组织的优势和弱势信息。

最后这项活动还帮助组织定位自身的资源，如图 8.1 所示，被视为知识管理的核心方法。

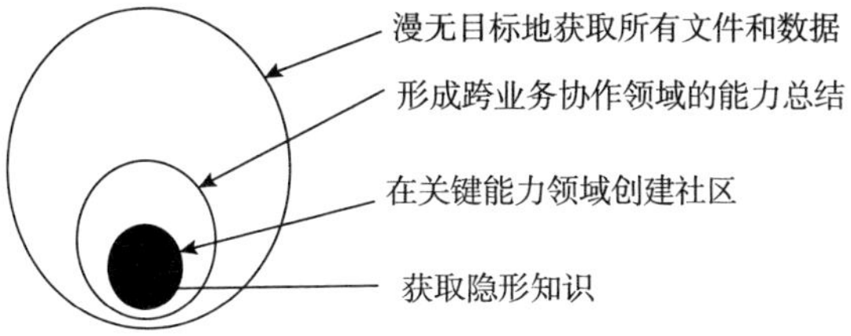

图 8.1 目标式知识管理

知识的产生、获取、共享和更新无疑对提供创新型、成本效益型产品和服务至关重要。尽管如此，组织的知识资本管理流程和实践通常与知识资本所支持的服务和产品管理流程和实践互不相关。这种情况给人造成的感觉是知识管理是可选择的附加活动，并非组织运营的核心组成部分。

此外，大多数组织还有一个错误的做法：把知识管理的焦点单纯放在知识获取和可视化上。知识管理应鼓励个体分享知识。很多人认为知识管理所面临的最大挑战是：个体、业务和职能部门都不愿在各自的成熟网络外寻求知识。解决这个问题需要转移焦点。

信息获取与共享

知识管理必须使获取信息、技能和能力的方式更便捷。组织希望建立良性循环，包括：

- 关键知识在全组织范围内可见；
- 获取的知识和隐性知识被应用；
- 持续性改进；
- 改进在全组织范围内可见。

同样，也显然存在抑制良性循环的压力：

- **目标缺失**：通常不清楚应积极共享或获取什么知识；
- **缺乏时间和低优先级**：个体通常不认为知识的共享和获取是对业务至关重要的活动；
- **非我所创**：个体通常不愿寻求帮助，查询以往项目运作经验。

彼得·圣吉（Peter Senge）[1] 的著作《第五项修炼》提倡使用“系统图表”来表示这类良性压力和变缓压力，如图 8.2 所示。

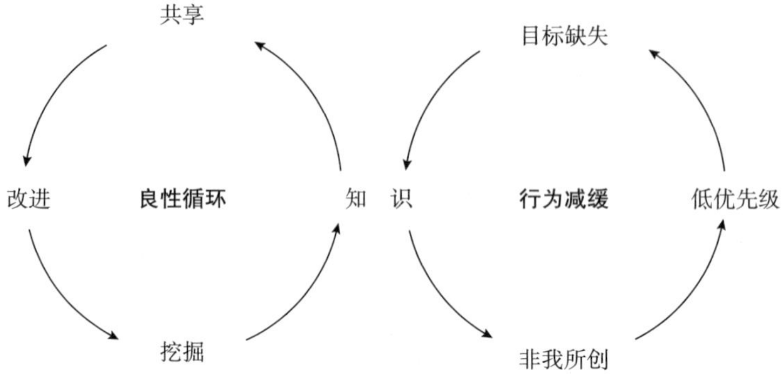

图 8.2　知识管理系统

只有了解这个知识管理“系统”，特别是了解促进或阻碍知识共享的流程，某特定组织才能确定鼓励个人共享知识的行为和流程。

为了纠正这些“减缓行为”，可以引入的活动样例包括：

➢ **非我所创**：通过项目与其他审批途径正式审查项目、产品和服务是否通过知识库和实践社区搜寻并吸收以往的工作经验。

➢ **优先级低**：应制定责任机制确保组织知识资本管理所需的行动定义明晰并且权属分明。此外，组织应该监督技术秘密管理的有效性并使之可见；可辅助使用度量指标和其他关键绩效指标（例如，显示知识管理系统项目输入或信息输出的百分比）。

➢ **目标缺失**：现有评价和审批系统可要求项目、产品和服务必须评价源于它的技术秘密，从而确认潜在可跨业务使用的知识。可在同一评价系统中追踪信息获取、传播或宣传的进度。但是，组织应明确在哪个领域投资进行技术秘密获取和传播可以获利。因此，关键职能部门或许多专家委员会可负责评估在组织知识管理系统内获取特定技术秘密的益处。

[1] P. M. Senge. The Fifth Discipline: The Art and Practice of the Learning Organization [M]. Random House Business Books, 1993.

分类法、分类系统与本体模型

信息分类、索引和管理以方便其存储、查找和使用，本身是个复杂的课题。分类系统（用于信息分类）和本体模型（用于描述信息之间的关系）通常被用作索引，使组织能够标记和检索信息。

本体模型或分类系统可以理解为信息分类和构建“信息树”的一种方式。不过，使用这一类比时，应该清楚任何一条信息都可能在索引结构中的若干位置出现。

通常人工制定本体模型和分类系统以选择描述组织业务属性的类别，而非文档的内容。本体模型和分类系统往往具有行业特性。

一旦建立本体模型和分类系统，编撰者或关键职能部门可以正确标记信息，有助于后续的信息识别和检索。然而，许多组织的实际经历是编撰者的标记工作不充分或不恰当。因此，这项工作可能需要核心部门或职能部门承担。

实践社区

知识管理还应争取产生促进学习和发展的流程及结构。一个方法是鼓励跨部门，甚至跨公司界限形成共享常见问题和解决方法的社区。通过促进这类实践社区❶的发展，组织能够确保在问题和解决方法的共享中逐渐形成最佳实践。

对于希望建立实践社区的组织来说，最初遇到的挑战通常是确定应该在什么领域建立社区。实际上如果组织的差异化和使能化能力被分解到组织的各个部门，这些能力就成为第一批实践社区的逻辑焦点。它们所涉及的领域差别迥异，如同客户服务顾问和机械设备操作人员之间的差别。应该注意围绕差异化能力形成的实践社区可能仅仅包含组

---

❶ E. Wenger, R. McDermott, W. M. Snyder. Cultivating Communities of Practice [M]. Harvard Business School Press, 2002.

织的直属员工。相反地，围绕使能化能力形成的社区具有延伸到组织外部个体的优点。

一旦确立社区，必须鼓励技术秘密的开发和共享。具体采用的方法取决于社区的性质，但任命协调者并安排季度会议和每月电话会议为必要措施。在这些会议和电话会议上应鼓励个体分享异议和积极的解决方法。

除了少数特别活跃的核心成员，维持互动交流的生机还依靠社区内部大量社交网络的建立。每个社交网络都可能有自己的信息共享机制，尽管信息共享机制很大程度上依赖信息技术系统。

协调者在社区形成和维护中起到必要的作用。协调者负责：

- 确定讨论主题，设计会议和电话会议日程；
- 确定会议地点；
- 帮助确定和联系各个社区。

因此，建立实践社区的过程中，选择合适的协调者至关重要。协调者必须具备社交技巧，从技术角度理解社区所面临的问题，以及最重要的是，拥有推动社区发展的时间和兴趣。然而，简单地建立一个社交网络就希望人们突然分享知识，这个想法是很天真的，尽管许多知识管理专业人员都会犯这个错误。实际上，个体很少被理由充足的争论说服从而转向知识管理实践，个体需要被迫改变。因此，给定实践社区正式的角色很重要。例如，实践社区进行同行评议：研究提议、投标文件、说明书等。由于各实践社区被分配完成具体的工作，它们不得不采取合作方式协同完成。

技术秘密差距

知识管理还应该包括对组织知识基础原态势分析（SWOT）（优势、弱势、机会和威胁）。

态势分析起初似乎有些困难。不过，开始时可以进行低级态势分析，在上述实践社区内或在组织使能能力和差异化能力层面进行。态势分析可集中于：

➢ 确定执行公司规划所需的关键知识、技能和能力；

➢ 比较组织与竞争对手、客户、分销商和供货商的知识，并思考知识在公司、项目或服务层的含义；

➢ 制定缩小技术秘密差距的战略。

知识审查与战略

知识审查用于明确、定位以及描绘组织显性与隐性知识的主要来源。知识审查还绘制主要的知识流程图以及流程中存在的缺陷。Ann Hylton 博士准确地描述知识审查是对知识，而不是信息、文件或知识管理系统的审查。[1] 审查的主要作用在于：通过知识审查，主要确认从哪些活跃的知识资本管理领域可产生价值。

通常情况下，知识审查采用一系列面对面访谈的形式进行：

➢ 审查的第一步，知识审查员有必要了解知识对产品和服务交付的一般重要性，以及目前知识使用的有效性情况。通过与组织不同部门各个级别的员工进行一系列简短访谈，知识审查员了解组织知识的基本情况。

➢ 随后的细致访谈用来明确、定位以及描绘组织显性与隐性知识的主要来源。明确对产品和服务交付至关重要的知识资本，这显然尤为重要。

这是审查工作的主要内容。此外，审查执行人员需充分了解业务，能评估、解读并反复核对受访者意见。因此，这就要求知识审查员不仅能有效地推动访谈，还需具备扎实的业务和技术背景。这一资质要求并不容易被理解和掌握，这也正是很多知识审查未能达到预期效果的原因所在。

最后，知识审查应以某种方式突出未充分使用或缺乏的知识。其用以确定知识战略目标，明确哪些领域存在跨业务需求：

---

[1] The knowledge audit is first and foremost an audit, Dr A. Hylton, July 2004, www.annhyton.com.

- 建立实践社区；
- 缩小知识差距；
- 加强信息公布管理系统建设，防止专有信息流失；
- 获取隐性知识。

如第 3 章所述，知识战略不应涉及单个项目需求推动的或执行的具体行动，而应涉及组织整体利益相关的行动。否则，单个项目或服务容易无视知识战略。存在知识战略帮助项目和服务管理负责人确定本地化开发，获取、维护、保护并共享与组织整体利益相符的知识。

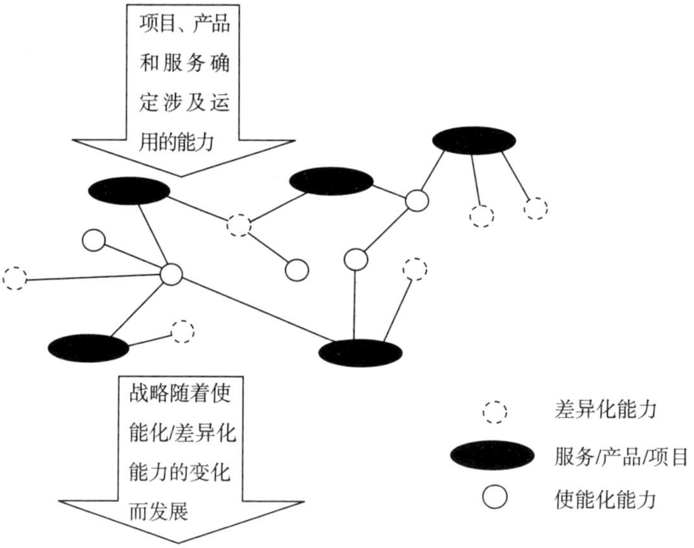

图 8.3　不断改进的知识地图

完成知识审查后仍需要不断更新审查结果。如果决策制定体系要求项目、产品、服务明确各自具备的知识资本或共享遇到的不足和问题，则可实现知识审查更新。这个信息用于追踪并不断更新项目、产品、服务与知识资产间的关系，如图 8.3 所示。通过审查使能化和差异化能力各自维系的项目、产品、服务数量，还可更新组织的使能化和差异化能力清单。

此外，这一流程还有助于明确实践社区或数据库在哪些领域能发挥促进关键知识资产共享的作用。

知识管理总结

如图8.4所示，综上所述，须谨防知识管理仅仅关注开发信息共享软件和技术基础设施。知识管理应关注以下活动：

- 运用现有决策制定系统，明确关键知识、技能和能力；
- 运用现有决策制定系统，确保知识获取、查找，并合理地应用于项目、产品和服务；
- 在关键能力领域建立实践社区，确保未获取的技术秘密实现共享；
- 明确现有知识基础源内在的优势、劣势、机会和威胁，并将信息纳入组织知识资产战略；
- 现有文献的获取和作用。

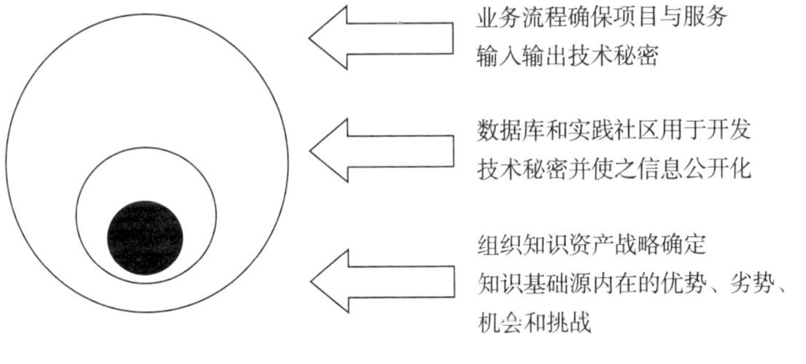

图8.4 知识管理与组织现有系统整合

第 9 章

流程——信息管理

知识管理核心理念为信息共享以促使充分利用。然而，现实中的确存在某些商业敏感信息，其组织内、外部传播需要严格控制。组织需开发整套流程以识别敏感信息并控制其传播。该流程发挥以下作用：

- 指导性，使信息敏感度量化；
- 统一标记系统；
- 清晰的信息发布审批途径；
- 敏感信息处理方法的明确指令。

信息分类

一般情况下，由组织确定信息商业敏感度的不同级别或类别，并为员工提供指导。指导不仅限于怎样归类信息项，还包括谁有权决定分类。

举例来说，某个组织将信息的商业敏感度分为三级。

级别（1）

若向第三方或某些雇员工泄露，则可损害组织利益的信息。纳入该级别的信息可部分地通过非排他性列表定义，包括：

- 业务和财务计划；
- 成本信息；
- 商业计划；

- 规划书；
- 人事信息。

级别（2）

提供竞争优势的信息。列表包括：

- 计算机源代码；
- 流程数据和方法；
- 计算方法；
- 未提交申请但有可能未来提交申请的专利；
- 包含非公共范畴的信息、第三方信息；
- 组织架构图。

级别（3）

非敏感性信息。所有不归属级别（1）或（2）的信息都属于该级别信息。

工作涉及安全敏感性文件。这必然产生更多的分类级别，比如绝密、机密等。这种情况下，由政府颁发信息分类和管理办法准则。

还应明确信息分类决策负责人。各组织采用的方法不尽相同，例如：

➢ 作者无需询问，即可标记信息为级别为（3）；

➢ 作者认为信息归属级别（2），或不确定信息属于哪一级别，后一种情况，则需经部门管理层同意决定；

➢ 作者和部门主管认为信息属于级别（1）或不确定信息属于哪一类别，需与指定的负责人协商决定。

信息发布审批

针对每一类信息，有必要设定严格程序以规定谁有权批准同意向第三方、相关实体和员工发布信息。有的组织认为，对于级别（3）非排他性信息，没必要采用正式的发布审批系统审批。但是，这样的做法存在风险，分类不当的信息可能未经正式查审即被公布。

若需要建立审批系统，一般采取以下某一种方法：

- 关键职能部门推选代表，形成固定名单。他们需一致同意信息发布；
- 在信息审批发布前，独立联络人负责确定咨询对象；
- 独立联络人独立决定信息发布是否合适；
- 作者和其部门主管决定是否应该发布信息。

最后一种信息发布审批方法不适用于级别（1）信息，但适用于级别（3），甚至级别（2）信息。若组织有固定审批者名单或联络中心使用“后选人名单列表”，审批者后选人的提名可能来自以下职能部门：

- 商业部门；
- 知识产权或法律部门；
- 技术部门；
- 信息“所有人”；
- 公共关系部门；
- 负责出口管制和/或转让定价事务的部门。

此外，组织需决定若信息涉及法律协议比如保密协议或合同，是否应当正式批准信息发布。有观点认为：向第三方发布级别（1）材料信息仍需通过批准，即使这样做有悖于正式协定中涉及的保密义务。

如果发布信息的是为第三方所承担工作的基本组成内容，在订立合同义务前应当考虑清楚信息发布的后果。因此，在跟踪投标阶段，组织的投标不投标流程应当考虑向客户发布信息的潜在后果（不包括在法律约束力的合同框架下必须发布信息的情况）。例如，这一流程可强制要求明确项目可能发布的级别（1）信息并在投标前批准该类信息发布。

很多合同，特别是政府合同，明确规定特定情况下客户有权在合同执行期间获取承包商掌握的各种信息。如果遇到这种情况，在项目使用敏感信息以前，有必要考虑信息公布的潜在后果。决策制定流程，如投标不投标方案和门径管理流程，同样需重点考虑这种情况。

信息处理

敏感信息处理本身就是复杂的课题。需启用程序解决以下问题：

- 敏感信息的存储；
- 纸件和电子版以及敏感信息的复件传输；
- 敏感信息的所有权；
- 雇员处理敏感信息之前进行雇用背景清查。

存　　储

组织决定某类信息应只存储于安全的技术系统，或存于硬盘并锁进某类文件柜里。有可能的话，制定实务守则，规定这类信息无监督的情况下不应公开或只能在设防区域获取敏感信息。

组织还有必要设置周期限制，规定信息保留的期限，或者规定应考虑销毁信息的频率周期。

传　　输

组织决定存有敏感信息的硬盘应装进封装递送。信封上写明退信地址并附有“收信人亲启”的标签。这存在一定的风险，此类警告反而向好事者明示信封内装有敏感信息。因此，流程管理可要求使用内外双层信封——内层信封标明“收信人亲启”。

被加密的信息仅限于在线传输。同时，有必要控制此类信息的对外电子传送；如果信息含有电子“标签”，技术系统能防止信息的转发或打印。但是，这类技术系统操作复杂且价格昂贵，只有当涉及需通过电子方式处理大量的高度敏感信息时，这类系统才物有所值。

所　有　权

针对高度敏感信息，应当追踪它的物理位置并记录所有权信息。该模式下，针对文件的每个硬拷贝设定一个独特的识别码，但在信息通过电子化传输的组织内实施这个方法难度较大；然而，可以为敏感电子文档设定独特的电子标识码，这样在必要的时候即可确定文档的最初所有权人。

授权甄别

应当明确规定哪些用户组或个人有权获取某类信息同样适用。该规定针对硬拷贝信息和技术系统信息安全敏感文件，强制要求运用该方法。某些群体，比如外国公民，禁止获取此类信息。

信息标记

如果信息最终流入公共领域或第三方手中，应适当考虑使用版权声明。有多种形式的版权声明可供使用。尽管采用版权声明不赋予版权所有人额外的权利，但会让信息接收者了解版权所有人对此事严肃态度。版权声明的多种形式包括：

- 版权ⓒ公司名 ［条款制定的年份］
- 版权ⓒ公司名 ［条款制定的年份］

保留所有权利。未经版权所有人同意，此出版物的任何部分不得复制，存储或传送。

- 版权ⓒ公司名 ［条款制定的年份］

保留所有权利。未经版权所有人同意，此出版物的任何部分不得复制，存储或传送。

警告：未经授权使用该版权作品可能导致民事和刑事责任。

组织同样能在电子邮件中自动附上声明，保留版权权利。声明样例如下：

此电子邮件和附件可能具有商业敏感性和/或法律特权。信息只对电子邮件的收件人公开。如果您误收这封邮件，不应复制，使用或展示给任何人。请回复此邮件指出错误，并从系统中删除邮件。

第三方信息复制

未经授权的情况下，版权法禁止复制第三方信息。显然版权法禁止未经授权的个人或组织从事大规模系统性的图书、地图、软件复制等。

但是在有些情况下，版权法对限制条件的规定显得多余。例如：

➢ 从网上下载打印公司信息，通常构成版权侵权。即使该信息由版权所有人公布于网络平台；

➢ 有理由说明复制第三方专利说明书侵犯专利权人版权，即使专利法显然预料到会存在这种形式的传播。

近年来，许多英国组织运用“合理使用”条款（“fair dealing”provisions）为这类低级别复制辩护；版权法规定，允许员工为了研究或个人学习的目的复制单份信息。而根据最近修订的版权法，如果员工从事的研究具有商业目的，则不再被免责。

同样，版权法修订以前如果个人提出复制请求的，会签署声明，声称不会再次复制文件并明确文件使用仅为研究或个人学习之用，图书管理员可以为其复制单份文件。而现在只有在非商业目的的研究或个人学习的情况下，才允许图书管理员这样做。

然而，组织很难做到完全不涉及违反版权法相关条例。员工带走短篇文章的一次性拷贝或类似情况发生时，组织会采取强硬态度处理：

➢ 组织公布并实施规定，未经版权所有权人同意，不得复制。但是，在极端的情况下，这一举措有损组织的正常商业活动；

➢ 组织公布但未实际执行规定，未经版权所有权人同意，不得复制。如果发现侵权，管理者有权追究员工侵权行为，并可能实施纪律处分。但这不是妥当的处理方法；

➢ 组织避免这类事件发生并希望员工明智行事；

➢ 组织可以从信息收集机构获得授权，如版权许可代理公司（CLA）或报纸授权代理公司（NLA）。[1]

组织采取的立场通常与发现侵权行为及被追究责任的几率有关，即使组织并未公开承认这一点。显然，如果组织蓄意滥用其他组织的

---

[1] 版权许可代理公司（CLA）和报纸授权代理公司（NLA）是版权许可代理整合机构。它们从不同版权商渠道获得版权代理权，然后授权于其他大型机构。版权收益由代理公司和授权人按协议规定分配。

版权，特别是以版权产品为生的组织，如软件公司，报纸发行商或地图制造商，那么这样做不仅不适当，而且很有可能陷入法律诉讼的沼泽。

组织可能针对具体事件作出判断：如果侵权行为非频繁性且不损害权利所有人的商业利益，侵权对象大部分是个人或小公司，组织就不太可能采取行动引入相关政策。这种情况下，组织几乎没有迫切压力来引入限制员工行为的政策。

即使只发生轻微的侵权行为，仍存在风险——版权许可代理公司或报纸授权代理公司之类的组织可能采取法律行动。它们希望通过这样的举措督促其他组织获取授权。

尽管版权许可代理公司之类的组织一再强调可为担心侵犯他人版权的组织提供解决方案，遗憾的是它们仅限于能对那些被它们所授权的材料而非为所有材料提供版权。因此，即使组织获得信息收集机构的授权，仍应坚持要求员工在任何情况下都要核查是否有复制信息权利——可能导致员工耗费精力核查信息。因此，从信息收集机构获取许可并没有真正帮助组织制定清晰可执行的政策。有人讽刺说如此获取许可方式除了防止信息收集机构采取法律行动外，一无是处。

第 10 章 流程——专利组合管理

人们通常认为专利组合管理与知识甚至知识资产管理无关。然而，越来越多的组织经验表明，实际上专利管理工具和流程可以很容易地被应用于知识资本甚至知识资产管理。因此，专利组合的有效管理被认为是通往知识资产管理的第一步。通过评审专利组合管理工具和流程，可进一步探究这一主张，需实施以下任务：

➢ 识别发明并评估是否、何时、在哪个地区应当申请专利；

➢ 明确限制性的第三方专利，评估第三方专利或使其受区域化限制；

➢ 明确专利组合的优势和劣势，以便经营战略陈述组织面临的机遇和威胁。

专利组合管理的焦点不应仅关注专利本身，还应关注如何在组织内部建立有效的决策制定系统。专利委员会简单根据专利本身状况作出申请、续费或权利放弃决定，这一举措无法使专利组合与业务需求保持一致。

专利管理必须始于对流程的理解，这个流程有助于建立与业务需求一致的专利组合。图 10.1 说明促进或阻碍建立平衡专利组合的因素。

如图 10.1 所示，不平衡的专利组合现象可能因各种公司行为导致，包括：

➢ 出于好意设置驱动条件和激励措施，追求人为地提高专利化比率，却事与愿违，制定庞大但涣散的专利组合；

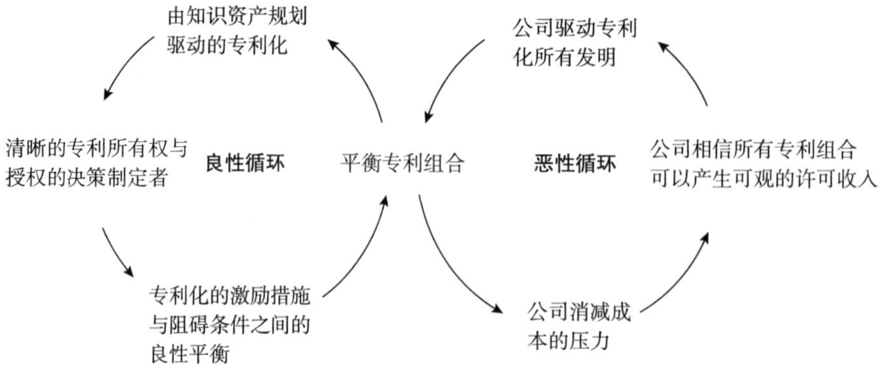

图 10.1　专利管理系统

➢ 缩减专利开销的压力——成本削减导致有价值的发明未专利化；

➢ 有些专利不再与业务需求一致，保持这类专利有效性的压力——因为这类专利可被出售或许可存在错误的观念，即使组织的专利组合和市场战略不支持这种盈利模式。

组织的正确做法应是：

➢ 微调组织内部对专利申请的激励措施和阻碍条件——如发明人奖励计划，获取专利化基金的难易程度；

➢ 运用已有的业务流程，如决策制定系统，待专利化的重点发明脱颖而出；

➢ 确保不再与核心业务相关的专利所有权清晰。

上述措施旨在于确保专利申请由产品服务的量化需求推动，绝非收到发明记录后的被动反应。

决策制定系统的应用

如第 5 章所述，知识资产规划作为规划书必要内容之一进行提交。专利化规划也需纳入知识资产规划。专利化规划的完整性应受到决策制定流程的评估，确保规划包含：

➢ 专利的作用与重要性——所寻求的专利能否为交叉许可担保（collateral），限制竞争对手、客户、供应商或分销商的商业自由等；

➢ 哪些技术领域应申请专利，哪些技术领域应保密或公开；

➢ 专利申请的时机和加快或延迟申请的必要性；

➢ 对哪些国家进行专利封锁，使竞争对手、客户、供应商或分销商不能从反向设计和复制中盈利；

➢ 专利申请费用以及资金来源；

➢ 检索第三方专利的时机和检索时使用的关键词（专利化规划应确认这些内容已纳入现有的专利追踪流程）；

➢ 监控第三方侵犯组织知识产权的潜在可能性；

➢ 计划中的专利化活动是否与组织的知识资产战略兼容。

如上所述，决策制定系统应评估知识资产或专利化规划的适当性，特别需要在业务、产品或服务生命周期的关键点提出相关问题。例如：

➢ 项目审批流程应考虑商业成功是否取决于专利等问题；如果答案是肯定的，专利保护是否已存在或在寻求中。

➢ 在投标追踪阶段，投标不投标决策制定系统应考虑投标文件中提到的创意是否受到足够的专利保护等问题。

➢ 文件公开审批流程应保证所述发明已提起申请，或发明公开的信息符合相关的知识资产规划。

这些规划的存在还使专利申请职能部门更有效地对关注的发明进行优先级排序。收到已签署或被证实、确定发明公开日期的公开发明文件，这往往会触发专利申请流程，表明已准备好正式申请发明并且对此项发明赋予优先申请权。发明提交文件包括以下内容：

➢ 发明说明书指出，较之在先技术的改进之处以及发明所解决问题的说明书；

➢ 提交专利申请截止日期；

➢ 发明人及其雇员名单。

若组织存有大量的发明记录，专利部门或律师很难对他们的工作进行优先级排序。不过，如果参照专利（或知识资产）规划提交发明，就能帮助专利部门或律师迅速明确各项工作，并排列工作优先级。此外，在这些规划中清晰地描述业务对专利保护的需求，这对律师起草专利申请文书非常有用。

专利评审

多数掌握大量专利组合的组织阶段性地对专利组合保护范围进行评审。一般情况下，技术人员，知识产权人员和商务人员共同参与评审，讨论单个专利或专利群的各项指标。通常，组织会开发正式专利评审流程，设计辅助决策制定的度量指标；第 16 章将详细描述这类指标。

理想情况是这类评审将专利组合与组织业务规划或组织使能化以及差异化能力相结合。这样，目前无专利保护或专利保护受限的领域也会被评审覆盖。

遵循该模式，组织专利委员会通过评审和其他决策系统作出反对或支持性决定。

此外，专利评审产生的信息可以和发明提交信息结合，形成标准评估单。并可被收集入中心索引数据库。组织可开发功能强大的系统使专利技术信息公开透明化，如图 10.2 所示。

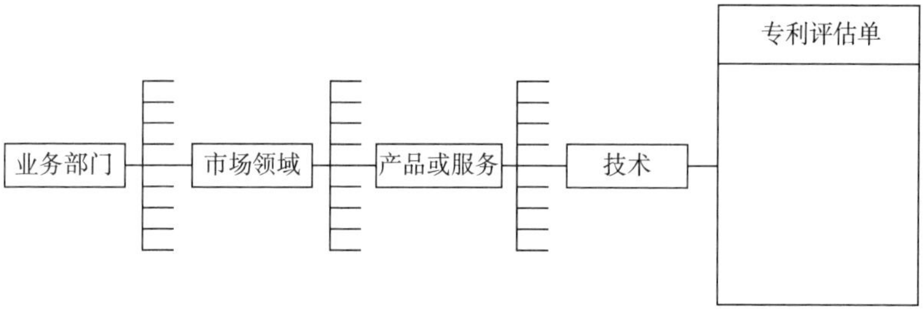

图 10.2　索引并描述专利技术的数据库

数据库可实现一系列的附加功能：

➢ 记录申请专利的最初原因以及其他相关决策点——比如概念验证实验；

➢ 建立中心记录，说明单个专利的实用性以决定是否续费；

➢ 明确收益型业务，以便从正确的渠道收回成本（限于适用情况）；

➢ 记载转让给第三方或从第三方获得的专利权；

➢ 促进业务部门和专利化部门进行交流。

这类专利数据库还可收录非专利技术信息，由此成为知识管理系统的基础。

激励措施与限制

组织会有意无意地设置激励或阻碍专利申请的流程，最常见两个使用流程是获取专利化资金和发明人获取发明奖励。

奖　　励

发明人奖励计划不能和建议奖励计划混为一谈。建议奖励计划与组织人事安排或现有设备使用方法的改进有关。发明人奖励计划则与引进新设备或新方法发现有关。因此，发明人奖励趋于关注潜在可专利化的发明。

发明人奖励计划有三个基本类型：

➢ 给发明人颁发证书或其他除金钱外的认证；

➢ 发明人每申请或授权一个专利，奖励少量奖金。奖金数量与发明价值无关；

➢ 根据发明所产生的效益，奖励发明人一定数量的奖金。

值得注意的是，很多国家通过立法，强制组织给发明人支付奖金。在奖金支付的触发标准和奖金数量这两个方面，存在很大的区域差异。因此，组织需确保它的发明人奖励计划至少要符合当地法律要求。

有的组织选择引进发明人奖励计划，补充法律规定的奖励。这么做有以下几点原因：

➢ 提供透明化奖励/认证系统，维持发明人的发明热情并在发明人之间创造竞争环境；

➢ 确保创意通过适当的渠道传递，并且辅助工作的开展，凭借发明人全力配合并支持专利化过程 。（专利申请流程可能需要发明人投入大量的时间精力。有些组织认为这种情况下有必要向发明人发放额外奖金）；

➢ 能普遍提高员工的专利和知识资产管理意识；

➢ 如果奖金与专利的商业开发挂钩，会促使发明人积极推动发明的商业化过程。

而有的组织认为没必要引进发明人奖励计划，有以下几点原因：

➢ 管理层会认为雇用研发人员就是为了创造发明，不应当支付额外费用来激励他们执行合同规定的义务；

➢ 因部分员工参与的项目恰巧容易产生新发现；发明人奖励计划倾向对该部分员工实行优先奖励；

➢ 发明人奖励计划容易给非发明人造成一种不好的感觉。项目成功后，除发明人以外，参与项目商业化的员工，都没有受到物质性奖励；

➢ 物质奖励可能形成压力，迫使组织将非发明人纳入专利申请书中的发明人名单。极端情况是这样做可能使专利无效；

➢ 从创造发明到发明的价值显现，可能需经历很长时间。因此组织面临的选择就是提前还是延迟奖励。提前奖励的话，可能奖金数目与最后成果不相称；延迟奖励不会实现预期的激励效果；

➢ 如果组织在专利申请以前没有充分地审核发明申请，发明人奖励计划可能导致在业务需求为零或有限的领域申请专利。

如果组织有第三方支付的专利许可收入，将收入的一部分分给发明人和参与技术商业化的人员，这么做更加合理。大学通常采用这样的专利使用费分配方法，在发明人、院系和学校之间分配纯收入。专利使用费分配方法随着收入水平高低而变化；许可费低的情况下，通常发明人获得大部分收入。随着专利使用费的增长，分配给院系和学校的份额也会增加。

不过，奖励计划仍然存在问题。比如，通常从发明创造到产生收益要经历较长周期；此外，所有参与专利商业化的人员都应受到奖励，不仅仅限于发明人。

有些案例中，组织为了商业化知识资产，成立衍生公司。组织赠予发明人一部分衍生公司股份。这不仅为发明人提供了有形的奖励，鼓励他参与到知识产权获取中来，而且保证发明人积极支持商业化进程。

但需要牢记这个方法有下列不足：

- 会激励研究人员占据衍生公司的管理职位，但管理并非他们的能力所长；
- 一段时期内可能需要发明人偏离原有的工作职责；最终商业化进程可能导致流失骨干员工；
- 会产生利益冲突，需注意预防并处理利益冲突。

综上所述，显然不同行业或组织对发明人奖励计划的接受程度各不相同。在制定发明人奖励计划或更改已有计划之前，必须全面评估利弊。

资金投入

申请并维系专利的成本费用可观，因此清晰说明这笔费用的合理性，这很重要。确保专利申请符合时宜的关键因素是组织内部成本支配的方法。有四个基本模式可供参照：

- 法人团体支付成本——成本支出隐藏于总支出中，不直接从创收业务领域或项目收回；
- 创收项目支付成本；
- 创收业务领域支付成本，但不从特定项目收回成本；
- 公司总部许可职能部门或知识产权持有公司支付成本。

理论上，最简单的合理途径是要求项目满足专利化成本，因为这将保证项目的盈利能力精准地反映所有相关支出。然而，很多组织发现这会导致项目无意寻求专利保护，因为很难寻求相关支出经费，直到项目已相对成熟，但届时或许不再可能获得专利权。相反，如果由组织集中支出专利化成本，即使经济回报的希望渺茫，仍会存在寻求专利的趋势。

如果组织内部专利应用于不止于一个项目，情况会变得更加复杂。如果组织拥有庞大的专利组合而且专利和项目并非存在对应关系，则在某个项目甚至业务领域需承担的专利支出比例这个问题上很难达成一致。

以下是引导资金投入途径选择的因素：

- 专利化迅速实现回报或知识产权对业务发挥日益重要的作用的情况下，项目投入资金是最合适的选择；
- 知识资产意识水平较高，但项目不会很快收到专利化回报的情况下，业务投入资金是最合适的选择；
- 组织整体知识资产意识水平不高的情况下（因此不能依靠项目/业务制定正确决策），公司投入资金是最合适的选择；
- 成立总部知识产权持有公司，负责向第三方许可，或处理公司集团内部的知识产权交叉许可（如第13章所述），专利化成本可由该公司支出。

实际上，越来越少的组织选择由组织出资进行所有的专利申请。而是由公司出资进行专利化（这时知识产权持有职能部门或下属单位被视为一个独立的公司），或采用一种既有体系在法人社团和公司之间分配成本。一种成本分配方法是利用专利申请PCT（《专利合作条约》）途径提供的支出延迟。PCT体系允许专利初次申请后延迟30个月或以上进入昂贵的国家申请阶段。与最初低成本阶段关联的成本支出可由组织提供，之后产生的费用要求公司支付。这个方法有两个优点：

- 支出延迟为公司提供了评估技术和专利化合理性的机会；
- 专利的存在促使公司制定决策——具体来说，满足专利成本需求或放弃专利。换言之，公司不可能无限期地拖延制定专利化决策。

不过，公司需要清楚知道该申请会在自申请日之后18个月被公开，之后进入实质审查；该专利申请的公开不仅向第三方发出技术警告并防止该专利被撤销和再申请。

专利管理的其他方面

专利侵权

如果组织以商业目的开发、出售或授权出售商品或服务且违反第三方的有效知识产权，即构成了侵权行为。

面对第三方专利造成的威胁，有三种应对方式：

➢ 进行知识产权尽职调查（通常叫做“自由使用权分析”）。目的是主动调研对某个产品或服务的推广造成法律障碍的第三方知识产权。在产品或服务生命周期的关键点进行自由使用权分析并适时更新评估。自由使用权分权成本很高，但是组织评估核心技术后，个别项目只需评估核心技术的新特征。本书第17章将进一步阐述自由使用权分析的特性。

➢ 实施专利追踪。使用选定的符合组织技术和商业利益的检索参数定期检索第三方在上次检索后公布的专利，然后审核并确保组织没有类似专利涉及相同概念的研发计划。随着时间的推移，专利追踪能够在一定程度上保证组织不会侵犯第三方专利。不过，一直存在的危险是关注滞后于第三方专利的评估，且随后被忽略。

➢ 无任何措施。有些组织决定不进行第三方专利检索，且寄希望于侵权行为不被发现。在某些行业，组织都一致选择信赖它们可从专利权人手中获得许可的能力。这个方法适用于：组织相互依存于交叉许可。这种情况下，侵权人比较自信且有能力以合理的价格从大多数知识产权所有人手中获取许可。

常规的专利追踪还为了实现以下其他目的：

➢ 提供客户、供应商、分销商和竞争对手开发的技术情报。不仅了解他们未来可能提供的产品服务，还提前警示市场动态中的变化，比如由组织扩张或改变业务重点引起的变化。

➢ 提前了解限制性的第三方专利。如果有充分的理由，它使组织能够先发制人，采取反对行动或对授权的专利提出异议。

组织选择这些风险应对方法显然属于商业决策。不过，为了确保采取的方法得当，应做到以下几个方面：

➢ 责任机制应指定保证政策和系统使用适度的责任者。

➢ 决策制定系统，比如项目审批流程和投标不投标方案应考虑自由使用权分析期许程度和时机。例如，有些组织会制定明确策略：未经过自由使用权分析，新产品上市计划搁置。

主动发明

许多规模化技术型组织常收到来自公众或其他来源的主动发明。

这些发明通常发送给高级主管如首席执行官或研发部门主管。

组织需谨防以下三个问题：

➢ 可能存在的危险是在未来的某个时刻，发明人可能指控接收人未经允许使用公开发明。如果主动提交发明与内部已经正在进行的工作并行，这一危险可能成为事实。

➢ 提交的主动发明绝大部分与组织业务不匹配，而且通常描述违反自然法则的概念。礼貌回复提交者通常耗费时间。

➢ 即使主动发明在技术上无懈可击，但是未经过彻底调查，很难辨别哪些专利可成功转入商业环节。评估专利的实用性，寻求适当的方式回复发明人都会耗费大量的资源。

如果组织收到大量的主动发明，它会选择制定处理主动发明的政策。政策的范围覆盖以下几个方面：

➢ 礼貌性地书面回复所有的提交者，说明组织不接受主动发明。

➢ 答复所有的提交者，说明组织只接收已授权的专利发明。有些实例中，组织可能要求发明人放弃专利申请要求的权利之外其他所有权利。

➢ 筛选提交的主动发明，表明组织对提交的发明没有兴趣或要求发明人签订保密协议，一旦签订协议，则需更加细致地评估该项技术。不过，保密协议协谈以及随后的评估花费较高。

进一步考虑的问题是是否保留相关信息。一般而言，保留提交文件是明智的做法，方便后期妥当地处理与发明人沟通。

组织对所有这些问题采取的立场取决于它收到的发明数量以及实际收到有价值发明的可能性。

发明公开

针对某些技术领域，组织会决定公开发明信息，而不是寻求专利申请，原因在于：

➢ 组织想避免第三方获取专利的风险，但自身不能承受申请专利需投入的高成本。

➢ 发明公开会鼓励第三方进行技术开发。该方式适用于如下情形：组织仅希望从低文献量中获取技术信息。

在线专业期刊的出现促使组织实现以低成本检索到相关防御性公告文献。Research Disclosure 与 IP. com 属于此类提供在线公告文献的网站。有些专利局是这些网站的用户，因此，评估其他组织递交的专利申请的可专利性时，审查员可使用这些信息来源。

另一种方法是提交专利申请并在申请日起 18 个月后，即受理申请的专利局公开信息后，放弃申请。虽然这种做法有利于专利审查员对现有技术状况加深了解，但是更耗费人力物力和时间。

在线公开或放弃专利作为专利化流程和体系的组成部分，组织应定期检索获取所需的防御性公告信息。

第 11 章 流程——知识产权（IP）及知识资产（IA）职能部门

知识资产职能部门

即使组织制定了清晰的责任机制，并且大多数员工了解自己在组织知识资产管理中的职责，仍有必要招聘一批知识产权专家，随时提供技术建议并在知识资产管理中担任关键角色。

知识产权专家可以是全职或兼职，但为了避免其脱离业务和专业领域，通常此类专家都是以兼职方式工作。这时使用矩阵管理结构是明智之举。这样，专家不仅能不脱离本职工作的责任，而且也可承担核心知识资产评估的责任。

专家的角色多样化，包括：

➢ 协助启动并审核知识资产规划；

➢ 确定跨业务使能化和差异化能力，制定相应的知识资产战略（因本地化流程关注单个产品或单项服务，资产管理方式有可能进行不恰当处理。该现象应引起足够关注）；

➢ 掌握关键能力的“健康状况”；

➢ 承担管理层日常受托职责；

➢ 担任实践社区的协调员；

➢ 汇总知识资产组合与业务需求一致性情况；

➢ 评估公司的知识资产管理状况；

➢ 帮助专利律师收集专利诉讼所需的信息。

作为专家体系运作的优秀案例，陶氏化学创建了知识资产网络，负责制定并维护与运营战略一致的知识资产规划，评估知识资产组合，确定应获取的技术秘密。❶

知识产权与知识资产管理职能部门结合

公司应当制定专利申请或维系决策。知识产权职能部门，无论采用内部还是外协运作方式，都需对专利撰写、申请及维护等法定程序负责。

内部知识产权职能部门作用可扩展，涵盖知识资产管理活动，如以上章节所述。知识产权与知识资产职能部门的职责合并兼有利弊。

知识产权与知识资产管理职能间的关系

如果组织最重要的知识资产形式是专利和商标，那么知识产权职能部门自然承担部分上述知识资产管理责任。不过，这种情况下，知识产权职能部门不再仅仅关注法律问题。商业和研发领域也成为知识产权职能部门的关注点，而不是将知识产权职能部门职责局限于法律领域。

如果组织最重要的知识资产形式是技术秘密、数据、流程和信息，那么知识产权部门职能不会自然参与它们的管理，而且认为管理技术秘密、数据、流程和信息会分散其寻求知识产权的注意力。赢取知识产权所需的技术能力不同于管理软性知识资产形式所需的技术能力。

知识产权与知识资产管理职能部门的分离

以下情况，特别适合建立单独的知识资产管理职能部门：

➢ 专利和商标的重要性低于其他形式的知识资产（技术秘密、信

---

❶ G. McConnachie. The Management of Intellectual Assets: Delivering Value to the Business [J]. The journal of Knowledge Management, 1 (1); G. Petrash. Dow's Journey to a Knowledge Value Management Culture [J]. European Management Joural, 14 (4).

息、流程等）；

➢ 组织没有自己的专职律师，而将这项工作外包给私人执业律师。

然而，如果知识产权与知识资产管理职能部门分离，由于知识资产管理职能部门仅可单独处理所有的管理事务以及制定决策，知识产权职能部门将不会提供互动服务。因此，需开发系统以确保：

➢ 律师与公司知识资产职能部门充分接洽，了解他们所处理的专利/协议/商标的作用以及效用；

➢ 明确清晰的优先级和商业截止日期；

➢ 在适当的领域寻求并运用律师的专业知识。

专利和商标诉讼外包

如果组织决定将专利和商标诉讼完全外包并且不再聘请全职律师，则组织内部会因缺乏专业法律指导产生其他问题，例如：

➢ 如何监控专利撰写质量和商标诉讼案件成败率；

➢ 如何避免员工从事无法胜任的法律咨询职位，他们只能通过自己的判断决定何时向专利律师提出咨询需求，而对他们直接或间接提供似是而非的法律建议。

不同职能部门享有充足资源，精诚合作，责任界定明晰，就能够解决上述问题。但是，对于高效处理专利诉讼案件需长期予以探索，要花时间建立专利申请高效外包所需的技术基础。

知识产权职能部门

知识产权职能部门可以是由单个雇员或由集团内多个公司的部门所组成。在拥有大的知识产权职能部门的组织里，除了专利和商标律师，可能存在以下职责。

管理流程程序

递交专利、商标和注册设计申请的法律过程中存在许多强制性的截止日期。不仅客观上要求组织在关键时间点作出决定，比如同意申请范围，而且鉴于面向不同国家专利商标局递交专利或商标申请的情况，提供审查员所需的技术信息。

由于错过截止日期通常导致知识产权权利永久丧失，记录所有临近的行动日期至关重要。记录这些截止日期的工作非常繁复，尤其涉及多国专利或商标申请情况。

已研发完成的计算机流程管理程序可记录关键事件和截止日期，比如由 IPSS 和 Pro Delta 提供的程序。若组织的专利或商标申请数量庞大，应会成立流程管理团队，定期更新系统信息。这些信息部分由软件根据自动待申请国家或国际申请流程规定的时间表生成，部分由流程管理团队通过提取律师提供的信息输入系统生成。定期记录有助于商标专利律师为他们的工作制定时间表和优先级。此外，通过追踪外部反馈信息，流程管理团队可以跟进律师工作进展情况。

通过输入附加数据，上述记录系统的作用可扩展至：

➢ 记录组织内部是否正在或可能使用某项知识产权；

➢ 记录是否已向第三方许可知识产权权利，或是否存在许可的可能性；

➢ 记录是否确认侵权方信息；

➢ 记录律师对专利实际或预期优势的评价；

➢ 选择并输入描述每篇专利的关键词，有可能确定并追踪相关文件；

➢ 记录可能与知识产权相关的业务领域；

➢ 确定产生知识产权的项目和所有关键研发日期；

➢ 记录所关注的第三方知识产权申请关键日期，确保按照时间表安排所有计划中的异议，并且监控第三方的续费状况，检查知识产权权利是否保持有效性。

可通过这类程序方便地提取关键信息和统计数据，并汇报给管理层。

如果这样做有助于内部建议收集，由此鼓励采用这项技术并批准这类信息在更广的范围传播。

流程管理团队的成员还可负责：

- 专利申请的过程中，给发明人提供反馈信息；
- 确保发明人知道何时提供给代理人所需的信息；
- 跟进代理人反馈信息，确保工作如期进行；
- 制定续费计划，明确需缴费的时间，保持知识产权权利有效性。

续展费代理

续展费缴纳工作既可以由组织内部承担，也可以分包给外部代理机构，如 Computer Patent Annuities（CPA）和 DENNEMEYER。

很多知识产权职能部门认为续展费追踪和缴纳不涉及核心技术，可以放心交由外部代理机构处理。外部代理机构提醒组织何时作续费决定，并按组织指示缴纳续展费，确保其知识产权权利有效性。

成本统计

预算制定通常是知识产权职能部门面对的最大挑战工作之一。一般情况下，组织在年初确定知识产权职能部门的预算，但实际上，部门的支出很难预估。某些成本可以精确预算，比如授权费和续展费。而人工成本取决于涉及案件的复杂程度以及专利局的意见和判决，因此不可能作出精确预算。

有些组织使用定制软件，通过使用平均成本的历史信息，预估支出。这类分析仅仅在组织知识产权组合数量庞大的情况下才能提供精准的预测结果，这时随机因素最终可实现平衡。专利组合数量不够多的话，几个案件存在问题就会导致远远偏离预估成本。不过，如果预估工具不简单依赖于平均成本，而使用“复杂”“一般”“简单”案件产生的历史开支信息，即可提高预算精确度。如果律师自行判断专利诉讼的难易程度，并以此为根据标记各个案件，会产生相对精确的成本预测。

尽管这类分析难度高，但值得采用。因为它不光能用于预算制定，还可以帮助客户决定跟进哪个案件。

评 估

如第 7 章所述，制定度量指标有很多好处。它既能用于设置目标，还能监测组织知识资产管理的效果。这个方法被知识产权职能部门采用。表 11.1 使用与第 7 章相同的展现风格，确定哪些领域应使用关键绩效指标设定目标并监控措施效果。

表 11.1 知识产权职能部门知识资产管理指标样例

目 标	状 态	主要行动和时间表
技术基础：是否已确定关键技术并已保护各个实例中专门技术的来源？当存在资源互相冲突的压力时，是否有系统优先安排工作？	⊙	
融合：知识产权职能部门是否适当地兼融入业务与研发职能部门？	◉	
尽职调查：是否有流程决定对尽职调查的需求或它的深度？此外，是否有足够的专门技术评估潜在相冲突的第三方权利造成的影响与威胁？	○	
监测：是否监测第三方权利申请并适度传播信息？律师是否不断地监测第三方知识产权，由此可在专利申请文件撰写阶段考虑第三方知识产权问题？	◉	
财务控制：是否制定和执行精确的预算方案？资金投入的可用性是否促进或阻碍知识产权权利之间产生正确的平衡？	○	
数据管理：是否追踪关键的申请截止日期以及回应？是否所有的相关人员被告知申请进度？是否及时向发明人、决策制定者和律师提醒关键事件信息？	◉	

第 12 章
流程——知识资产规划

通用性知识资产规划

知识资产规划应描述某个项目、产品或服务如何管理它所产生或使用的知识资产。知识资产规划本身可繁可简；但是本质上它应涵盖以下问题：

➢ 客户、合作伙伴、供应商、分销商和竞争对手对关键知识资产的权限范围和复制能力是否适当?

➢ 由项目（产品或服务）产生或被引入项目（产品或服务）的知识资产是否不侵犯阻碍资产使用的第三方权利?

➢ 项目对知识资产的使用是否对其他业务活动有负面影响?

➢ 项目实施过程中需要的知识资产可用性?

➢ 项目是否应当引入现有的知识资产，或者与其他业务或第三方分享正在形成的知识资产?

解决上述问题的过程中，组织所采取的任何项目实施行为应与组织知识资产战略和政策以及责任框架一致。

制定一份对所有组织和市场都适用的统一模式的知识资产规划不现实。然而，图 12.1 所示的流程图描述了制定知识资产规划可遵循的流程。专利、商标和软件管理遇到的问题更加复杂，本章节将对此详细阐述。

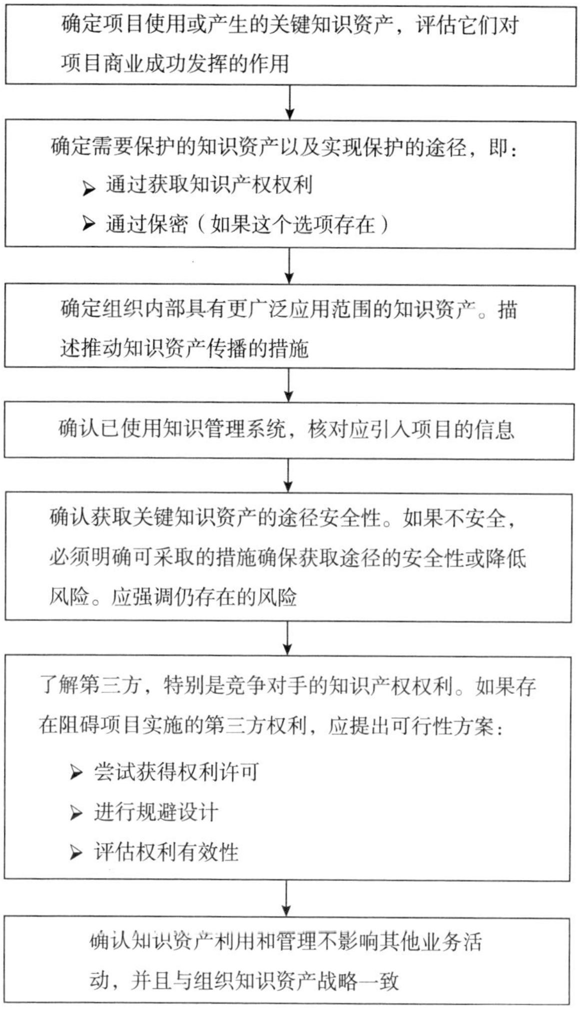

图 12.1　项目级知识资产规划的主要要素

了解知识资产的作用

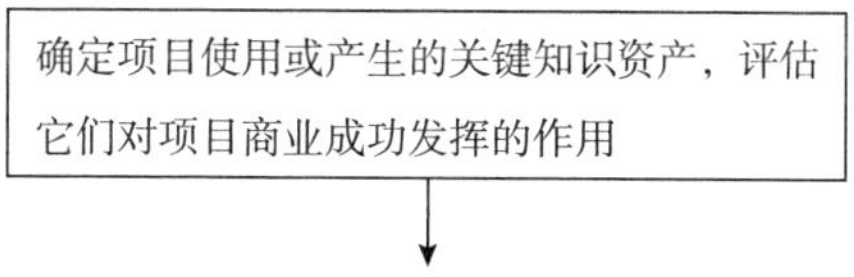

只有了解知识资产对商业成功发挥的作用，组织才会制定知识资产规划。

具体来说，有必要确定具有以下用途的关键知识资产：

- 追踪机遇并争取项目；

- 生产并交付产品；
- 设计不同与市场出售的产品；
- 确保有效管理供应和分销链。

保　　护

应保护知识资产规划，防止信息泄漏给客户、竞争对手、供应商或供销商，或被他们使用。不提倡长期但实行过度保护主义。在以下情况下第三方没有能力使用知识资产，比如使用知识资产要求掌握资产历史记录，理解资产局限性，辅助安全分析，背景数据等。

> 确定需要保护的知识资产以及实现保护的途径，即：
> - 通过获取知识产权权利；
> - 通过保密（如果这个选项成立）

由于有些知识资产不需要被保护，除其他问题以外，知识资产规划应当：

➢ 探讨现存管理程序和措施的适当性，旨在为了防止知识资产泄露或转移到第三方。如发现这些系统存在漏洞，应提出改进方法。以软件为例，此类程序会要求绝不向第三方公布源代码。

➢ 探讨现有或寻求中的知识产权权利是否足以防止第三方的不良使用（附录一对可能被使用的知识产权权利形式进行了阐述）。这里建议召集技术、商务和知识产权人员进行头脑风暴，发现第三方绕开现有保护的行为。该举措在专利领域而言，通常被称为专利跟踪。

➢ 确定需寻求什么附加知识产权权利（专利，商标和注册设计），需被权利覆盖的国家和活动资金来源。以商标为例，探讨现有商标是否准确传达了产品服务的形象，是否应确定，获准使用并注册新商标。

➢ 如果工作由分包商或独立员工承担，知识资产规划应考虑采取什么措施最小化他们对现有或正在形成的知识资产的使用自由度。如果采取措施可行性小，规划应争取量化因不能控制分包商或独立员工使用度所导致的风险。

➢ 探讨实验性工作是否可能产生支持专利申请所需的信息。

知识资产规划还应探讨是否出于战略原因需要获取知识产权权利。具体来说，组织需要知识产权权利：

➢ 作为基础以开展下列活动：营利性许可，交叉许可中获取第三方知识产权使用权，开创技术作为行业标准，共享风险和不确定因素，更快市场占有化或拓展市场，等等；

➢ 按计划发行债券时，创造附加值；

➢ 使组织成为更具吸引力的同盟或合资企业合作伙伴。

对外导出技术秘密信息

突出项目产生的整个组织内部通用的技术秘密。规划应明确知识资产获取和传播必需的举措，汇总能力信息或作为实践社区的输入信息。

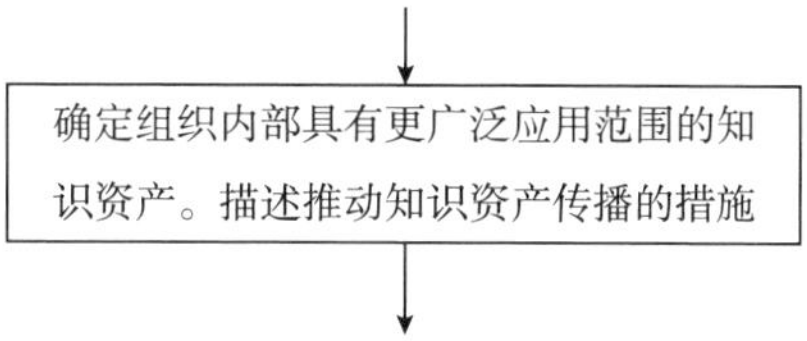

对内引入技术秘密信息

知识资产规划还应确认使用适当的知识管理系统，核实应引入项目的数据或最佳实践方案。完成信息核实后，应评估知识资产的优势和劣势，并传达给负责更新组织知识资产和知识地图信息的人员。一旦知识资产信息核实，应确认已经或将要把技术秘密信息引入项目。

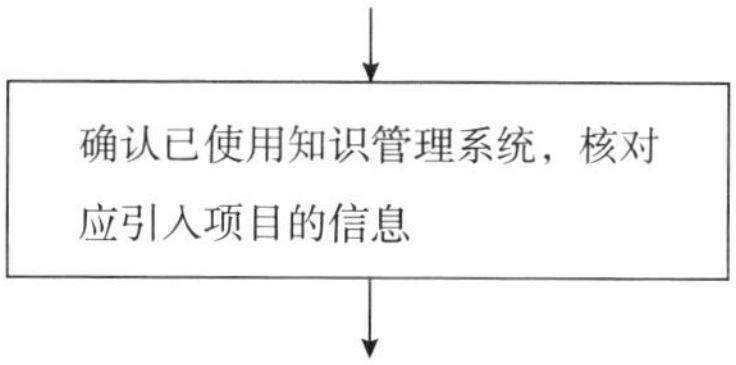

持续性获取信息

知识资产规划应考虑是否需要确保关键知识资产当前的可利用性。具体来说：

➢ 第三方能否拥有或赢得阻碍这些知识资产使用的知识产权权利？如果确定第三方权利限制项目使用技术，需提出以下选项：采用替代技术解决方案，寻求权利所有人的许可，或对第三方已获权利有效性提出异议（假定这样做有根据）。

➢ 可否有可能失去关键知识资产的使用权？需考虑失去内部骨干专业人员，失去源于外部能力使用等情况。

量化和降低使用权丧失风险所采用的措施将在知识资产规划中被阐述。包括：

➢ 进行第三方专利检索；

➢ 工作人员轮岗，保证关键技术被得以广泛了解；

➢ 对第三方专利进行“专利跟踪”评估。

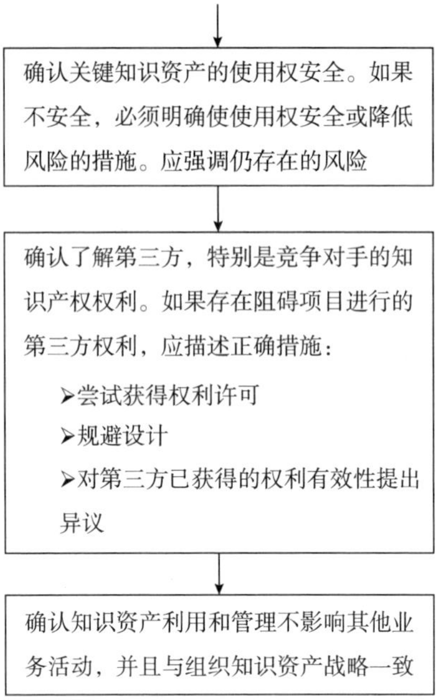

规划之间的相互作用

项目应确认知识资产的使用、保护、维护、获取及共享符合组织的知识资产规划要求。如果可能，确认知识资产的使用不会对组织更大范围的活动产生负面影响。

专利规划

发明可专利化并不意味着必须申请专利。各业务领域或项目需考虑专利化是否是稳固市场地位的最佳方案，有以下方法可供组织选择：

➢ 信息保密。专利化本质上包含对公众发布信息，组织可能会更倾向于对发明信息采取保密措施—即使这样做要承担第三方先申请专利的风险。

➢ 信息公布。这样做将确保其他组织不能获得专利权。当然这会阻止发明组织获得专利权——但这样做的优点是成本低。

➢ 专利申请。

申请专利有一个或多个原因：

➢ 防止别人复制产品或流程；

➢ 阻止其他组织推出产品或使用流程，限制竞争对手自由使用权，即使专利所有人并不打算促使发明产业化；

➢ 宣传性目的—展示在特定领域的作为；

➢ 公布合作、许可或处理的资产信息。

有很多术语用于描述组织所寻求的专利保护类型；Glazier[1] 和 Jackson－Knight[2] 使用术语“围篱”（Picket Fence）和“阶段关卡”（Toll Gate）专利化策略。围篱策略包括围绕自己组织或其他组织的专利，申请一系列涵盖渐进式改进的专利。随着技术和市场的发展，这些专利可能变得比原来的或“基础”专利更加重要。阶段关卡策略包含以现有数据为基础分析，推断未来发展方向，并围绕这一推断进行专利申请。如果能确定发展趋势并成功申请专利，可能会阻止竞争对手对未来研究成果的利用。

如果决定申请专利，需仔细考虑专利申请的时机。这方面存在三个压力。第一，组织害怕竞争对手申请专利，限制市场准入。第二，申请专利包含向公众发布信息，同时会引起竞争对手对此领域的关注。第三，有足够的技术信息支持并实现专利申请，这很重要；如果无法实施，有必要在继续研发的同时延期申请。因此，通常很难决定什么时候提出专利申请。组织作出最终决策之前也许应思考以下两个关键问题。

➢ 此领域的在先技术[3]强度如何？如果在先技术不多，应提前申请专利拥有专利权。即使竞争对手关注该项技术也无力作出反应。

➢ 其他组织从事该领域并申请“阻碍性专利”（Blocking Patent）的可能性大小？

还需考虑专利权地域覆盖范围；很多情况下，没必要在组织的所有目标市场申请专利。例如，如果第三方进入市场的成本很高，关键市场的数量有限，就只需在有限的核心市场获得专利保护。有限专利

---

[1] Glazier. S. Patent Strategiers for Business ［M］. London：Euromoney Publications，1995.

[2] Jackson－Knight，H. Patent Srategy for Researchers and Research Managers ［M］. Chichester：Wiley，1996.

[3] 在先技术（已有技术）专业术语，用于表明某特定领域已公开的技术信息。与在先技术相关技术不再具有新颖性、无专利申请可能。

申请计划会阻断大部分市场准入，即使这些市场依然开放，竞争对手追求较小市场份额的成本也较高，就申请地域的问题，Helfgott❶列出六个进行国外申请的具体依据：

- 保护本地制造；
- 覆盖竞争对手的产地国或主要投资/制造国家；
- 覆盖主要市场；
- 覆盖出口销售；
- 覆盖产品可能被复制的国家；
- 覆盖有预期商业计划的国家。

决定是否寻求专利保护时，另一个必须考虑的变量是技术发展的速度。在一些市场，发明商业化需经历一段漫长的周期，甚至商业化将只在专利保护失效后进行。相反，在其他行业，产品生命周期完成以前不可能获得专利保护。

表 12.1 总结了制定专利化规划需考虑的问题。

表 12.1　专利决策制定面临的挑战

主　　题	问　　题
专利是否在产生或保持市场垄断/市场领先中发挥作用?	专利是否对确保市场优势至关重要? 或业务离开专利能否存活? 选择保密或公开是否优于选择专利化?
什么时候应当寻求申请专利?	是否应该迅速申请专利? 或是否处于其他组织申请专利风险小的市场?
主要在哪些国家申请专利?	需在哪些国家阻断竞争，竞争对手对市场丧失兴趣
意向申请专利权覆盖范围的强度	现有技术数量? 申请专利是否为对现有技术的改进，或是一种完全新的流程。意向申请专利能否为垄断提供有力支持?
技术领域发展速度有多快? 最初的专利能否在需要时提供保护?	产品或服务可销售多长时间? 它和专利提供的保护期限是否相符?
成本效益分析	专利可能带来什么额外利润收益? 具体来说，专利化成本可能包含哪些? 能否使成本合理化?

❶ Helfgott, S., Berman, C. Global Intellectual Property Series 1992: Practical Strategies - Patent [M]. New York, NY: Practising Law Institute, 1992.

软件规划

软件保护涉及三个方面：

➢ 源代码保护；

➢ 软件外观和结构保护，包括用户界面；

➢ 防止未经授权复制、传播使用编译代码。

法律状况通常错综复杂，可用权利不一定能够清晰界定。此外，尽管软件授权协议通常禁止反向编译和逆向工程，但这不会阻止不道德的竞争对手或疯狂的黑客分析计算机代码。因此，与其等到抄袭行为发生后采取法律行动，不如使用好的内部管理软件防止或阻止抄袭行为。

管理实践优秀案例：

➢ 了解哪些知识产权具有较高商业敏感度 — 程序结构，方程式，数据等，通过以下方法使觊觎抄袭者难以有所作为：

—— 限制访问流程图；

—— 从源代码移除评论，甚至添加误导评论；

—— 避免使用手册中过多信息描述；

—— 更改代码结构，提高代码内部操作理解难度；

—— 更改代码中本地和会员变量名称，隐藏变量功能。那么反向编译人员分析时，信息基础更加薄弱，编程人员也更难理解他们所分析的代码。

➢ 不要忽视基础设施安全——尽量避免分包商接触商业秘密，将商业敏感材料锁入文件柜，等等。

➢ 视商业秘密的重要性来进行管理。例如：在适当的地方使用标记，强调商业敏感信息。组织人员应意识到他们接触的信息具有高度商业敏感性。

➢ 确保计算机代码在计算机屏幕和打印成品上附有版权声明。计算机光盘、使用手册等也应附有版权声明。

➢ 使用数字水印。水印是软件产品单份传播复制品独一无二的标记。如果发现软件的非法复制品，水印会准确无误地识别盗版来源。水印的这种应用通常术语称为“指纹识别”。

品牌化规划

自由使用权

选择新品牌可能要花费很长时间并投入大量金钱；选定的品牌不仅须正确传达形象，而且必须可以使用。正常情况下，组织选择新品牌时将列出六个左右可接受的倾向使用的品牌，然后评估品牌使用性（如果存在可选性）。评估审查过程不仅能帮助组织查找完全一样的品牌，还可确认外观或读音相似的品牌。该评估审查过程包括对注册商标、公司名、互联网域名和一般网络搜索的检索。

毫无疑问，组织需要在所有可能使用品牌的国家开展品牌评审。旨在控制高额成本支出，通常品牌评审在这些国家先后开展，而不是同时进行。显然这么做会花费更长的时间，但随着组织识别相冲突的商标，能削减待评审的品牌数量，并随着评审工作的进行，组织也可能放弃该品牌。

如果发现销售相同产品或服务的组织已经使用或注册完全一样的品牌，显然使用这个新品牌并不可取，并存在侵权的潜在可能性。在商标相似但产品/服务不一致的情况下，组织有可能使用品牌。不过，如果商标差别微小，征求现有商标权利持有人使用同意不失为明智之举。通常权利持有人要求经济补偿。如果权利所有人是大型组织并已全线投入使用这个商标，补偿金额可能会很高。

正确的保护形式

决定通过注册保护品牌时，理解商标的作用很重要。申请商标不仅为了防止竞争对手和伪造者使用，还为了：

- 帮助审查商标是否可用（因为注册过程包含检索已有的，相冲突的第三方权利）。

➢ 提供可向第三方或集团公司授权的资产。

➢ 阻止抗议者、运动团体等误用品牌。

➢ 明确品牌名称的商业用途，如果有必要，驱逐“域名抢注者”。其注册域名并无使用的打算，而是希望以不现实的价格转卖给希望使用这个域名的组织。

不过，商标的使用并非以注册为前提。附录1对此进行了阐述。

与大多数司法管辖区不同，在欧盟国家，商标可以以注册设计的形式得到保护。采用这个方法成本低，并且在某些情况下注册设计会提供比商标更强效的保护。不过，设计必须具有新颖性才能注册，所以须在实施市场战略早期考虑注册。

监测商标使用情况

如果商品有被伪造的倾向，为了防止销售量下滑以及声誉受损，监督市场上未经授权使用商标的情况，这一点很重要。深入了解市场情况并掌握内部报道的清晰脉络，才能暴露问题并恰当处理。图像识别软件可通过浏览互联网，搜寻品牌被破坏或误用的情况提高工作效率。

还有一点很重要：警惕因品牌受众面广，变成同类商品的通用描述。这样的话，存在商标被宣告无效的危险。深受其害被无效的商标包括：elevator、cellophane、aspirin、escalator、gramophone、linoleum and thermos。

如果营销战略鼓励客户使用商标作为同类产品的通用描述，商标撤销风险则很高。很多组织了解其中存在的风险后，即向组织内部和第三方提供商标使用指南。当商标被第三方用作通用描述或TM或® 标志不存在时，组织应采取行动。虽然不可能强迫他人用特定的方法使用商标，但是在商标所有人已经采用合理方式向第三方解释应怎样使用商标的情况下，法院应考量这种做法有效性，并考虑使用法律手段。不过，对商标误用采取法律行动，代价昂贵。

保护评审

应进行常规评审，确保保护适度，继续满足业务需求。定期进行评审，检查商标规划是否是最新的，以下问题应予以考虑：

- 未注册商标的重要性使其注册需求迫切；
- 注册商标的使用是否扩张到新的地区；
- 商标的外观是否已充分演变，超出原始申请的范围；
- 第三方是否已申请的冲突商标，如果申请被授权，可能导致组织权利被稀释（通常程序监测在官方商标公报和目录中寻找公开申请的信息）；
- 由于缺少商业使用，商标未受到攻击威胁而撤销。

如果组织针对新产品使用门径管理流程可以通过加强标准确保以上评审的开展；可以在专利商标律师使用的管理系统输入提醒事项，监控工作流程。

知识资产规划——总结

如上文所述，知识资产规划可繁可简。还应强调，知识资产规划是随着它所支持的项目、产品或服务的发展而发展的动态文件。开始时，知识资产规划确定措施以及不确定因素，但到了最后它只是评审并监督已采取措施的适当性。此外，每种形式知识资产的相对重要性和知识产权权利在产品或服务发展过程中可能发生变化。例如，在医药行业，起初药物的关键知识资产以技术秘密和商业秘密的形式存在，被视为秘密或机密。随后，可能通过申请专利，防止他人制造同类药物。专利失效后，市场可能会有价格更低的同类替代品，那么商标的使用对于确保市场销售量变得至关重要。

第 13 章 集团公司内部的知识资产管理

如果存在业务重合，无论是各集团公司正在开发的市场之间，或他们正在部署的技术之间，知识资产管理面临的挑战将明显加剧。在这种情况下，不仅决策制定必须考虑到多个公司间频发的需求冲突，进一步而言，如果要使共有的知识资产组合被有效地利用，那么对于集团成员来讲，它必须是公开的和易获取的。

当知识资产管理变得比在单一公司更复杂的时候，本书之前描述的方法（见图 13.1）可以适用于集团公司的需求。

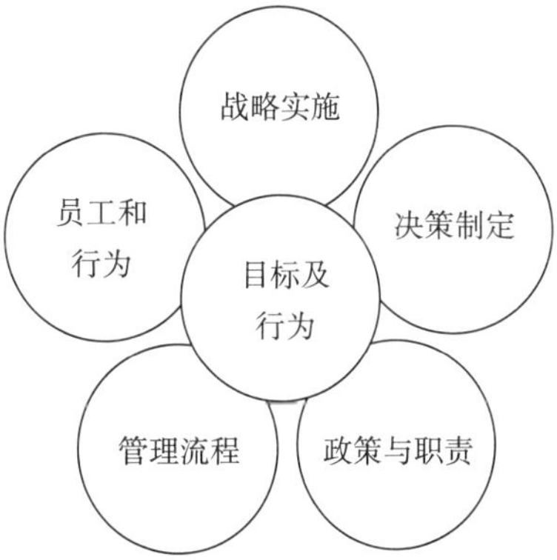

图 13.1　整合知识资产管理的六要素

➢ 决策制定机构和系统必须确保在适当的情况下，征求集团内公司的意见并将之纳入决策。例如，要求项目或服务提供它们在集团内部分享知识资产的实例，既保证了集团内公司间协议落实到位，同时也使管理部门能够建立一个贯穿集团的重要能力框架。

➢ 集团各公司的知识资产管理质量，必须接受监督和评估。例如，在集团公司中，知识资产管理的强度通常取决于最薄弱的环节，所以解决方案需明确薄弱环节并共享最优方法。

➢ 政策和应付责任机制应当扩展到各个分公司，明确他们应起到的作用，在集团层面也是如此。例如，应该指定负责人或者机构来审查和批准所有知识资产的许可或放弃。

➢ 集团公司内全体员工应接受培训，从而明了自身在本集团的知识资产管理和保护中的角色。

➢ 由于发挥作用的不止一家集团内的公司，因此知识产权资产战略应该起到指导所有公司制定决策的作用。

➢ 集团公司必须制定详细的管理流程，利用所述的方案开展无缝工作，管理集团的知识、信息、专利、商标等。

除六要素外，集团公司内部的知识资产管理仍然面临两方面特殊的挑战，具体为：

➢ 知识资产在集团内部公司之间共享的情况下，就需要有集团内公司间的协议来明确每家公司的角色。知识资产开发所衍生的风险如何分担，利润如何分配，谁拥有一些进步成果等情况需明确定义。

➢ 在许多情况下，转移价格（转让定价）[1] 立法强制集团内成员公司之间以市场正常价格（知识产权的定价将由开放市场的许可和销售来确定）来获取包括知识资产在内的商品与服务。

所 有 权

集团需要进行讨论并确定知识资产的所有权结构。可以遵循的所有权结构有五种基本模式，每一种都有其优点与缺点。

---

[1] 世界各地的税务机关制定转让定价法规，用以防止公司集团利用集团内部协议，获取利润实施离岸避税。如果没有这样的立法，有可能每个集团公司都会以名义上的金额，向其在低税制建立的附属公司出售其知识产权。该附属公司然后向该集团旗下其他公司征收高额授权许可费率。在极端情况下，这种做法将意味着，该集团唯一牟利的成员公司，总部设在避税天堂。税务机关可以通过强制集团内公司以合理的价格转让或获取知识产权，从而制止这种避税行为。然而，要求公司证明每笔交易处于合理比率的做法是明显的政府干预行为。

➢ **企业所有权**：这一模式中集团占有和管理知识资产；

➢ 所有权被一个单一现有集团公司拥有；

➢ **分布式所有权**：这种模式下，集团各公司拥有那些支撑其经营活动的知识资产；

➢ **共同所有权**：这种模式下，集团各公司对知识资产组合均等分享或者按系数分享；

➢ **公司所有权**：这种模式形成的唯一目的是管理和开发本集团的知识产权资产组合。

如果在低税制的情况下，使用集团内部许可的方法向知识资产控股公司上交回调利润，最后一种模型可以减少本集团的整体税务风险。

还应当指出，如果集团内部存在大量的知识产权交易，那么创建一个专门的知识产权控股公司可能比较合适，因为这是一个简化官僚体制的方法，用以适应转让定价法规。

然而，确定所有权模式的时候，首要和最重要的问题是：哪种结构将为该组织带来知识资产最有效的管理以及确保其被充分开发？如果有多个同样有效的方法，那么应该明确采用带来最大的金融储蓄优势的模式。

因此所有权结构的选择将受制于以下几方面问题，如：

➢ 知识资产是否能作为公共资源，由数家公司取用，总部所有权是否将有助于确保管理重点作用于整个集团的需求？

➢ 是否每个公司的市场和/或技术是独立的，很少有机会或需求在集团内公司间进行知识资产的交叉许可？

➢ 如果集团旗下拥有知识资产的个别公司对经营计划缺乏关注，是否有一些重要的来自外部非核心的许可机会容易被忽视？

➢ 集团的经营战略是否——或者应该——通过许可来支持，无论针对第三方还是合作伙伴；更进一步，是否存在这样的情况，这种许可的批准虽然符合本集团的利益，但会被个别子公司抵制。

➢ 是每个分公司资助自己的研发，还是针对特定项目建立可能的联合基金来集中开展研发工作？（如果集中资助知识资产研发活动，知识资产的总部所有权比较容易实现）

➢ 哪种模式是最易于管理的呢?

➢ 集团结构是否有望在诸如销售、上市或合资的组织形式中发生进一步改变?如果知识资产由分公司掌握,将更易于管理。

➢ 基于低税制,是否可以将知识资产所有权集中在一个专门的知识资产控股公司,从而获取税收减免机会?

由于许多跨国公司性质的复杂,这些问题的答案不限于一份单独的知识资产所有权解决方案。因此一个集团可能采用混合的方法,例如,当几家分公司都涉及一项技术的时候,通常会采取知识资产共同拥有,而在默认情况下,知识资产为每个公司所拥有,直接地支持业务经营。

知识资产控股公司所有权形式

总部控股公司形式可能颇具吸引力,如果:

➢ 本集团的知识资产可以被视为一个共同的资源被几家公司获取;

➢ 存在有显著的未实现外部许可的机会适于知识资产控股公司操作,其能够着力于追求这样的机会;

➢ 这样的所有权结构可以产生显著的长期避税效果,或减少由于遵守转移定价法规所导致的官僚机制。

然而,在作出选择这一方案决定之前,需要考虑其不足之处:

➢ 控股公司的形成意味着控制权和应付责任的转移。例如,将一个品牌的所有权配售给一个知识资产控股公司意味着营销战略元素将集中运行,并具备全局视野——这可能存在利益或风险,因商务类型而异。

➢ 任何现有的知识资产在税务管辖区之间转让,都需要鉴定、评估并出售给知识资产控股公司。该举措耗费人力和财力。

➢ 一般而言,控股公司知识资产的维护费用来自第三方及集团内其他公司的许可费。因此,控股公司将需要稳定决策流程,以确保实际业务驱动成本核算。

还应更详细地考虑以下问题:

控制权和问责制

总部所有权，意味着总部拥有控制权，或至少承担协调责任，这往往与很多集团的分散经营模式背道而驰。该体系可以明确地落实到位，以确保集团内其他公司的需求公开透明化，但最终知识资产控股公司会根据需要作出一系列决定，包括专利的维护和放弃。

所有权转移

在集团决定应该集中所有权的情况下，那么很明显，将这些资产的凭证转移至知识资产控股公司是必要的安排。如果涉及税务管辖区之间的资产转让，则既需要符合转让定价法规，又要获得尽可能多的减免税。知识资产的转移采取合理的交易价格——这意味着转移资产需要被鉴定，评估，购买和权属变更登记。这可能是一项重要举措。

此外，如果新的知识资产正在持续发展，那么就需要开发一种机制，在合理交易的基础上再次集中控制这些资产的所有权。可以影响这种转移的方法是知识资产控股公司是否支付部分或全部的组织研发费用。在这种情况下，知识资产控股公司将要求各个集团内公司为使用其拥有的知识资产支付许可费用；随后，这些收取的费用用来资助研发工作，而控股公司自动获得新增知识资产的所有权。然而，只有在组织的主要知识资产受研发驱动的情况下，这种做法才会奏效。

如果集团希望获得第三方知识产权权利许可，那么知识资产控股公司适合作为被许可方，进而授予集团相关公司这些权利。知识资产控股公司的作用，还可以进一步扩展，使之管理从第三方获得的全部历史许可；在这种情况下，原来的协议将需要进行审查，核实是否允许必要的转让和内部许可。

支出和收入

为了维持因知识资产控股公司形式形成的所有税收优惠，与集团其他公司应保持长期商业合作关系。这将适用于下列交易：

- 维护知识资产组合的相关成本；

➢ 获取新知识资产的相关成本——是从第三方或从集团内其他公司；

➢ 向集团成员公司实施知识资产的许可。

根据知识资产所有权形式，这些是最佳的方案。

商标的总部所有权

从表面看，基于低税制，以知识资产控股公司的名义注册任何新商标都是一种最大减轻集团税务负担的便捷办法。品牌最初的价值将是象征性的，这也将反映在该知识资产控股公司的初始投资上。但是，一旦建立起品牌，可能会产生相当大的来自集团内其他公司的许可费用，因此成功地在低税率税制下获取利润。

然而，除非知识资产控股公司加大宣传和营销投入，否则品牌的价值不会因其自身运作而增加。通过拓展品牌的使用来取得收入并非合理交易关系。

知识资产控股公司因此不仅必须要在市场营销上投入，也要控制该品牌的使用。赋予知识资产控股公司品牌所有权并非没有风险，但这种集中控制的形式有时也是一种具有吸引力的主张。由许可产生的收入流可以被用来促进和发展品牌。然而重要的是，集团公司间的协议允许知识资产控股公司及其被许可人拥有他们需要的自由权利以达到集团收益最大化。因此各自应付的责任需要清晰地得以确认，例如：

➢ 知识资产控股公司可以承担运行全球范围的授权，广告和赞助活动，以及注册商标和制定准则以控制品牌的使用和展示。持续的品牌展示和品牌发展战略的推行，是知识资产控股公司形式导向的主要理由之一。

➢ 内部被许可人可以承担本地化宣传促销和赞助的管控。

显然，长期的知识产权协议需要进行合理协商，以反映协议方的作用，风险、投资和收益。

专利的总部所有权

任何现有专利将再以合理交易的价格被知识资产控股公司收购。进而，如果想继续获取新产生的专利，那么知识资产控股公司或者需要通过资助产生专利的研发活动，或者通过合理交易的价格购买该项专利。

知识资产控股公司也需要使用其许可收入来维系其专利组合的持续实施和持有权。专利化的花费可能会很多，而一般经营中收取的许可费不会根据专利的使用而增加。由此，应积极鼓励集团下属公司争取申请和维护新的知识产权权利，即使这种行为对业务经营影响很弱。知识资产控股公司因此需要有专业人士明确的知晓集团公司需要或者不需要某项的专利，以确保其专利组合价值性。

方法和数据的总部所有权

相对而言，这种类型的知识资产所有权转移到知识资产控股公司并不常见。当然，这里的总部所有权也可产生商业或税收的优惠。

和商标的情况一样，通常情况下，长期投入以维持或加强这些知识资产的价值是必要的。具体来说，方法和数据随着时间的推移在改进，这些改进的所有权必须由知识资产控股公司以部分合理交易关系方式取得。这显然会涉及，知识资产控股公司或出资要么购买新的知识资产，或支付改进的成本。知识资产控股公司获取所有权的方法之一是建立许可制度，从而取得全部改进的所有权，得到改进所有权需支付的费用不涵括于现有方法和数据使用许可费之内。

税收优惠

基于低税制，本书讨论的集团内部许可的类型有时可以通过结构设计以尽量减少一个集团的税收负担，并通过使用许可向知识资产控股公司返还收益。然而，为避免陷入反避税法的纠纷，知识产权权利的总部集权管理必须出自商业需要的驱动，而不是以减少纳税为目的。这些措施可能包括：

➢ 总部控制优势与合作品牌使用和开发；

➢ 因集团内部分公司忽略原因导致，需要寻求外部非核心许可机会；

➢ 需要减少现有内部知识产权贸易中增长的官僚作风。

即使已经存在资产转让业务，税务机关可选择若干种理由来质疑交易。例如，就商标而言，有一个总的原则，就是商誉不能与其他经营资产分割或单独交易。因此，可能会出现争论，任何商标转让价值低于整体品牌转让价值。

集团内部许可的实际问题

集团内部协议

当知识资产在集团公司之间共享时，通常有必要制定一系列促进性的协议以实施转让定价法规。然而，即使这些协议不是因转让定价问题所要求制定，因其实施也可明确协议方各自权利和责任。

有时双方可能会签订一个或多个特别授权许可。在缴纳明确年费的情况下，被许可方获准使用授权者的所有知识资产。但是，往往这些许可将不得不限定于特定的技术或机会。集团内协议的谈判可能旷日持久，而且有时比在不相关实体间谈判存在更多问题。这些困难来源于以下几方面的压力：

➢ 当企业属于同一集团的时候，被许可方会希望以优惠的条件来获得许可。在现实中会有很多原因，包括转让价格法规，都将说服许可方在这些内部谈判中考虑合理交易关系。因此，有时许可方与被许可方的期望之间的差距比无关实体之间的还要大。

➢ 被许可方会认为内部许可协议优先权低，这是纯粹的程序性的问题，只要时间允许，很容易处理该问题。存在与第三方商谈或者签署合同以获取其他集团公司知识资产的风险，而不是首先签订集团内公司间的可行协议。这可能会存在极大潜在危险，如，与第三方签订协议中规定内容不能被集团拥有知识产权资产的公司所接受。

➢ 涉及第三方的谈判通常受到时间的限制，迫使双方作出妥协和让步。而集团内公司间的谈判，会存在内部协议，即：若内部的集团公司间的许可无法达成，也要确保外部商业机会不能错过。没有时间限制，双方都会采取强硬的谈判立场。

➢ 如果集团公司技术或商务组织间有一个良好的工作关系，知识资产交流的管理是无形的。虽然在某些方面这种开放式的获取是有益的，但是它引起的法律纠纷有时会超过这种开放式交流带来的好处。

集团内公司间存在知识资产重大交易的情况下，通过制定标准化的许可制度，使用知识资产评估方法，或制定政策以确定集团内知识资产交易的缺省条款，从而节省时间与精力。这样的政策需要解决以下问题：

➢ 风险的分配，如所产生的产品责任及第三方权利的侵犯；

➢ 被许可方是否应采取行动，以识别、量化或释放风险；

➢ 在产品、投标、酝酿的哪个阶段签署正式的集团内许可；

➢ 谁负责批准集团内部许可、更改标准条款，并发布信息给第三方；

➢ 谁负责授权第三方使用集团现有的和正在形成的知识资产；

➢ 在集团内部应该如何分配正在形成的知识资产所有权与权利。

在更复杂的集团结构中，决定如何将许可权利逐级分配是尤为必要。举例来说，如果所有知识资产归一个子公司所有，该公司应该像图13.2所示那样直接许可授权给集团内所有公司，还是按照审批结构来进行许可授权。

一种能向所有集团内公司进行许可的能力将最大程度减少许可的数量。然而，这种情况可能会受到抵制，因为它被视为绕开了正常的管理控制和审批流程。此外，如果许可按照所有权结构实施，将获得更大的灵活性，因为这样可以保留改变许可条款的选择权，例如分配风险和成本，将其分解至每一组织层级。

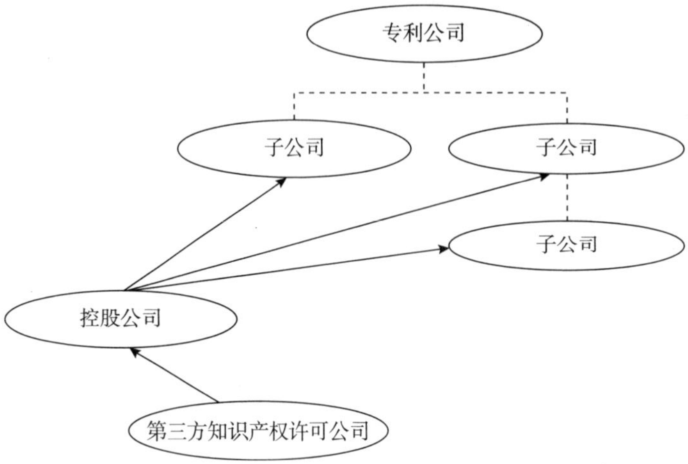

图 13.2　避开正常管理控制的知识资产内部许可

内部控制和审批

组织对于集体知识资产组合共享和利用的阻碍因素（如妨碍者、官僚作风）天然排斥。但是，某些控制显然是必要的，例如要确保：

➢ 商业秘密不能传播太广，或未批准的情况下传递给第三方；

➢ 监测知识资产的转让，以便合理核定签订的统一协议中的转让定价。

相反地，实施特定机会集团内部许可显然是没有效率的，除非涉及许可知识资产切实可用。因此，组织需要决定何时来进行转让的正式申明、批准和许可，以及何时转让不需进行审批。例如，需要决定：

➢ 通过内部审查和评估，非专有信息的转让，可以根据集团内部通用保密协议加以实施；

➢ 实施用于投标准备的非专有信息的转让（即使在转让时不确定是否用于商业开发）。在投标准备期，如果达成商业开发意见，在签署合同的情况下，集团内公司间交易的默认条款是可以接受的；

➢ 如果预期的使用需要修正集团内部交易的标准条款，那么应当坚持在转让之前形成的许可条款；

➢ 一旦明确将应用于商业性开发，应签署正式的协议。

控制体系类型如图 13.3 所示。

	按照一个通用的非公开协议进行转让	在确认可接受的集团内部贸易标准条款基础上进行转让	按照正式的许可程序进行转让
通过内部审查的非专有信息的转让	✓		
通过内部审查的专有信息的转让		✓	
投标的准备与提交		✓	
商业开发			✓

图 13.3 知识资产转让的审批

显然，集团期望将需要签订的协议数量减到最少：

➢ 如果交易能够提升业务体系，如安全协议的改进，那么可以签订一个一次性的总体协议涵盖所有的转让和应用；

➢ 如果转让会带来大量一次性机会的创新，那么可以在每次机会出现时签订一个形式协议；

➢ 如果存在很多附加值低且为点对点间交易，那么可以签订一个一次性的协议，设法表明通用的职责、角色和风险分配。

当协议签订的时候，重要的一点在于它实践了交易关系的真实本质，例如：

➢ 协议是一个简单的许可吗？

➢ 风险或成本是否被分担如果是这样，有必要签订一个合作协议，而不是一个许可协议？

➢ 如果许可方和被许可方共享并行开发工作的成果，那么这种关系可能更适合签署一个合作协议。

正确地描述一个组织与第三方的关系往往较为容易。而与集团内公司签订协议往往更难以辨认真实关系；例如，如果不能正视企业间相互依存的真实程度，合作关系很容易地被歪曲为许可关系。

促进转让

同样重要的是考虑引导系统，可以帮助个体企业之间的技术转移：

➢ “专家”可以从集团内其他公司任命，他们能够负责技术或商业问题的解答（这些在下面探讨）。

➢ 技术转让需求机会一旦确定，则可以制定一个正式的计划来确定如下所述的关键行动。

➢ 决策制定过程可用于确保所有的项目得以审查，以确定是否向集团内公司引入或者输出知识资产。在第5章中有相关内容阐述。

➢ 在确保集团内关键公司的代表进入专利委员会情况下，部分的发明信息可以进行传播。上述涉及专利管理的一个方面，在第10章有相关内容阐述。

➢ 可以适当地记录信息流，从而使更新或出错记录在已通过的图/文中得以明确。

专家的实践工作可提高目标领域知识资产的明显度，并协助转让。他们的作用可以包括：

➢ 作为一个渠道，初步调查集团各公司的技术能力；

➢ 在必要的情况下，制定计划，推动知识资产转让；

➢ 采取行动，清除和记录所需信息的发布，以促进上述两种行为。

一旦明确机会集团内公司之间的知识资产进行转让和开发，内部公司会制定计划：

➢ 找出所有技术商业化过程中需求的知识资产，并决定他们是否会被转移，复制或保留。

➢ 识别任何技术商业化需要的知识和技能，并说明这些技能的差距如何来填补。如果这些要通过集团内其他公司工作人员的借调或转职，那么需要确定人员名单并且预期人员转职的结果——包括任何必要的签证申请时间需要加以考虑。另外，如果工作人员需要进行培训，培训时间必须列入计划。

➢ 评估现有的知识产权是否有满足新的市场需求。

> 详细说明应获得的原材料与辅助原料的来源。

工程行业都特别重视设计标准。不同的国家、有不同的设计标准；例如压力容器的设计标准。因此，另一个集团公司采用某项技术之前，其设计方案或方法可能需要进行更新。

该方法也可能比较合适两家公司携手合作，发现新型市场上技术市场化过程中的关键信息。这些信息可以用来形成会议主题、投标文件、广告素材等。

第 14 章 许　　可

许可战略

以往许多公司不愿意系统地对外许可其核心技术和品牌。有时，这种狭隘的战略来自一种对于因许可可能导致的在核心市场中增加竞争压力的恐惧，或者造成品牌的贬值，企业也因此减少了最终的盈利。

然而，越来越多的公司已经发现，许可不仅使它们能够利用非核心市场，而且有时候能够使它们在自己的核心市场上实现风险与回报之间更好的平衡。

一些公司已通过授权其知识产权组合产生了可观的收入，这包括以下内容：[1]

	知识产权产生的估计年收入（单位：百万美元）
国际商业机器股份有限公司（IBM）	1500
高通	800
汤姆森	500
朗讯科技	500
杜邦	450

[1] Joff Wild. Are Your Right Going to Work? [J]. IP Review, Issue 7, Computer Patent Annuities Limited Partnership, 2004; J. R. Sobieraj. Current Issues and Future Trends for Large Corporate Licensing Programs [J]. Les Nouvelles, June 2004.

这类公司取得成功使许多企业相信，隐藏在它们资产组合中被忽略的知识产权可以而且应该被用来产生许可收入。然而，经验表明，许可并非是挖掘资产组合以寻找未被有效利用的知识产权，而是要寻找已经成为公司业务的一个重要部分的知识产权产生收入的新方法。

除可获取创收外，许可使用的原因还包括：

➢ 有些公司开发并持有知识产权组合的主要目的是避免诉讼，如通用电气和太阳微系统公司就利用这样的战略。在这些市场中，专利布局尤为复杂，以至于要避免侵犯别公司专利权非常困难。对于所有在这个领域的竞争者来说，这是一个平等而又棘手的问题，大部分公司都愿意通过许可或者交叉许可知识产权来避免诉讼。[1]

➢ 其他情况，知识产权组合可以通过和顾客、供应商、分销商建立合作伙伴关系来产生价值，如微软、宝洁、惠普和陶氏化学就使用这样的战略。[2]

➢ 一些公司发现许可能够使它们开拓非核心市场。如果不采用许可的方法，它们根本就无法进入这些非核心市场。如波音公司、朗讯科技、IBM 和贝尔南方公司都使用这样的战略。此外，可口可乐公司和哈雷戴维森也遵循这样的战略来从它们的品牌中获得收益。[3]

因此，公司应主动确定可通过许可挖掘潜在价值的专利、商标、技术秘密及市场组合。同时，公司也应挖掘产品或服务销售的潜在价值。在极端的情况下，一家公司可能颠覆正常的商业模式，并决定对于特殊技术、品牌和市场的许可应被禁止。除上述情况之外，即使授权许可可能会对公司现有的产品和服务造成竞争，也应该实施许可。作为其知识产权资产战略的一部分，公司可以决定：

➢ 若许可可平衡风险和收益，知识产权可授权许可予竞争者、供应商、分销商或顾客。

➢ 某些情况下，销售使能产品和服务会将公司的财务、管理或者

---

[1] Harrison, S. From Sunk Costs to Sound Strategies [J]. IP Review, Issue 7, Computer Patenting Annuities Limited Partnership, 2004.

[2] Ibid.

[3] Ibid.

技术资源从核心的或更具价值的投资机会上转移开。这种情况下，应该从某些特定的市场中退出，然后对外授权许可其技术。

➢ 帮助新兴公司创立内部培养机制。该类型公司无明确外部受让权，并且公司现有业务不能够有效举债经营。

➢ 与第三方共建合资企业或其他性质企业更有利于明确市场的开发。

许可职能机构

在组织的商业计划中，许可扮演了一个至关重要的角色，因而许可职能机构的产生是有依据的。明确并进行许可的过程是耗费时间的，除非有专用的资源可以利用，否则这样的活动可能不会获得优先权或者所需的资源。因此，若没有许可职能机构，许可将成为针对来自潜在许可人或暂时管理措施要求的回应性答复。此外，许可是一种高要求且具有挑战性的活动，需掌握专业技能。

随着组织逐渐形成一种信念，即许可是一个核心的活动，创建许可职能机构的压力通常随着时间的推移而不断累积。许可职能机构通常将成为公司的一个利润中心，保证了它相对于公司经营业务的独立性。作为一个利润中心，对资助组织部分或者所有的专利代理申请存在一定价值。

在某些情况下，对于一个组织而言，较之于许可职能机构，创建一家处理许可问题的知识产权持有公司会更加具有吸引力。正如第 13 章所讨论的，组织可实现节税或缩减官僚机构以符合转移价格立法的要求。

一个成功的许可职能机构，或者附属机构，将不仅需要有与潜在被许可方协商的能力，还需要识别可实施许可的机会。这些能力建立在与企业的法律、商务和技术人员良好沟通的基础之上。具体来说，它将需要了解：

➢ 组织拥有的知识产权，以及这些知识产权与第三方持有的知识产权有何种联系；

➢ 第三方产品组以及其工作进展；

➢ 组织现具备市场领导力的技术领域；

➢ 在企业核心市场上品牌的作用，以及对于那些可用的类似品牌承诺和品牌价值的市场评估。

另外，如果充分考虑到以下的因素，许可职能机构将得以进一步发展：

➢ 招聘经验丰富并具有专业技能的员工，这些专业技能是理解技术（或品牌）布局和进行复杂商业协议协商所必需具备的，是一项专业的技能集合；

➢ 为确保许可方能够尽职调查已许可的知识产权的开发并准确汇报销售情况，需要对许可方进行监督；

➢ 获得的每项专利许可收入，应抽取绝大部分用于投资下一阶段的潜在被许可方的确认工作，而不应被全部抽取用于投资无关的业务；

➢ 制定清晰的目标和标准，监督组织的许可活动。

品牌许可

少数公司能够成功地通过许可它们的商标和品牌来创造可观的收入。那些确实存在的限制性许可趋于集中在时尚与生活领域。在这些市场领域中，公司如果不通过许可商标或品牌的方法就无法获得收益。

因为一个品牌的价值不同于知识产权的其他形式，会由于滥用而减少。这也可以部分解释品牌许可发展水平较低的原因：

➢ 由于劣质的产品或服务会严重损坏品牌形象，因此，许可人在寻找筛选被许可人的时候需非常谨慎。

➢ 如果品牌在不同的细分市场中的使用情况出现不一致，也会损害品牌形象。因此许可人将需要花费时间辨别并监督品牌的使用情况。

所以，许可一项品牌常涉及在许可人和被许可人之间建立一种紧密的工作关系。许可方也有意寻找具有相似文化和价值观的被许可人。许可方也有意寻找愿意开发产品且对产品进行有效营销的被许可方，使产品具有独特性和优质性，从而能够提高品牌的价值，而不是降低品牌的价值。

即使能够成功解决这些困难，确定适合的被许可方，也仅仅只有一些品牌能进行许可：

➢ 品牌不应该和一种特定的产品或者服务有着紧密的联系。在一般情况下，只有可以代表一系列产品或者服务的品牌，才能够产生可观的许可收入。

➢ 理想状态是，消费者应能够感知其品牌产品可以为其提供优质或者更高价值的服务，较之于其他产品，消费者倾向去选择此类产品。

➢ 目标消费者必须对品牌有较高的辨识度。

➢ 品牌必须得到持续维护。维护方式包括常年市场使用，或者通过它自身能力创造的收入来为宣传提供资金支持。

技术许可

知识产权一般通过许可产生收入，但正如上文所述，情况并不总是如此。知识产权可以因一系列原因而被许可，例如：

➢ 在交叉许可中，免除实际的诉讼或者规避潜在的诉讼风险；

➢ 作为合资企业或者其他组织关系的一部分；

➢ 分享技术。

因此，一项技术许可的签署，标志着一种长期团队合作关系的形成、所有沟通或调解状态的结束。

确认适用于许可的技术

以下章节涉及当判断某项指定技术许可的可能性时应考虑的问题。如实际需要，该标准可用于衡量或对技术许可的可能进行排名。

（1）基本信息

➢ 何种产品和服务可经由知识资产获得开创或者提升？

➢ 它们存在生命周期有多久？

➢ 潜在可能的销量、净销售价格和利润？

（2）市场接受度

➢ 是否是针对可见市场的需求解决方案，或者是否是由科技推动或拉动？

➢ 是否是当前市场已有技术的改进，其代表着一种优势还是一种劣势？

➢ 在何种程度上许可技术可以应用到现有的产品中，或者利用现有的生产过程，哪些沉没资金用于负债经营？

➢ 市场成熟度，何时为最佳寻求许可的时间？

➢ 技术成熟度，法律保护的现状是否能够与市场需求相匹配？

➢ 法律保护可否匹配真实的可持续性的独占权，以及任何知识产权是否都有被侵权的风险？

综上所述，此时技术吸收呈现哪些机会呢？

（3）应该提供哪些知识产权资产

➢ 是技术秘密或者知识产权附加值中的平衡吗？

➢ 被许可方是否需要获长期技术秘密的许可？该许可是否被允许？

➢ 知识资产的转移是否会导致许可竞争力的降低？

➢ 第三方是否拥有可以与许可方相结合的、更具有吸引力知识资产？

➢ 这些知识资产的许可是否会削弱获得其他许可的机会？

什么样的知识资产能够、并且应当被许可，什么样的应当被保留？

（4）交易结构

➢ 与其他许可人联系，提供一个更加完整的许可是否有好处？

➢ 是否应当去尝试建立一个基于这项技术的行业标准（被许可方是否应当被提供独占或非独占的许可）？如果欲寻求多个被许可方，且许可方帮助其在市场中创立品牌，那么第一个被许可方可否享有专利许可使用费优惠？

➢ 依据产品、市场、地理划分市场，从而狭义地定义许可方的权利是否有利？

➢ 对于一个分散型市场来说，许可方或者潜在的被许可方是否最好达成进一步许可？

➢ 财务风险的所有途径是否都能被理解，它们是不是会产生很大的影响（什么是收入来源的潜在乘数），它们是不是可以被避免或暂时弃用？

➢ 技术改进是否可能由被许可方完成；该情况下，许可方可否主张权利？

➢ 若技术改进由许可方完成，该情况下，被许可方可否主张许可权利？

何种途径是许可方承担风险与享有回报的最优平衡——单一许可、许可和协助、合资企业、新兴公司、交叉许可或者战略联盟？

确认被许可方

确认被许可方的过程应当遵循以下三个步骤：首先，明确什么样的公司有可能会对这项技术有兴趣；其次，可以通过检索确认合适的被许可方；最后，备选公司的名单应当过滤筛选。

（1）被许可方的理想特征是什么（一旦明确了这些，则可开始进行备选公司检索）：

➢ 除了可以由许可方提供的能力以外，被许可方是否缺乏推进产品商业化所需要的能力？

➢ 市场是如何被技术、生产商、分销商等区分的，是否因此减少或增加被许可方数量？

➢ 在何时，技术信息应当被引入供应链中？

➢ 根据专利引用和竞争对手的情报信息，确认骨干员工名单？

➢ 超越现有的供应/生产/分配链范围，是否存在机会或好处？

➢ 技术是否能造成市场动态明显改变？

➢ 确认被许可方时，应当考虑到是否会给专利有效性造成冲击？

应从销售网络、生产基地、品牌可视性、市场占有率、设计和发展能力等方面考虑选择理想被许可方。

（2）潜在的被许可方可能通过很多方法确认，比如：

➢ 实施“专利挖掘”。这一过程包括对第三方专利的审查，评估对所描述发明的利用是否会侵犯许可方的专利。近几年，很多软件工具和顾问已经可以在这一领域提供帮助。

➢　公司可以购买或审查第三方的产品，从而查明自身的专利是否被侵犯。任何侵权者都可以被追索要求停止侵权商业活动或者，可选择地要求支付许可使用费。

➢　20世纪90年代，出现许多可供公司向潜在的被许可方宣传技术信息和相关知识产权信息的网站。目前，yet2. com是行业内最大的提供这种服务的网站。

➢　对于类似的商业或技术领域可以采取审查的方式去识别潜在的许可机会。审查在确认和优先选择领域的作用尤为重要。然而，严格审查只有通过企业合法的商业和技术人力资源的有效网络来实现。

➢　最后，也是最重要的，雇员经常会发现许可的机会。但是，由于很多原因，这些潜在许可信息一般难以传达到管理层并引起他们的注意。因此，应整合信息审查和激励机制以明确许可机会。

（3）在确认潜在候选被许可方名单后，使用以下关键标准选取优先被许可方：

➢　拟许可的技术是否对被许可方的产品赋予补充或是竞争关系（包括现在或将来）？

➢　拟许可的技术能否为被许可方现有的生产、分配和销售基地节省成本，或者能否充分利用被许可方现有的生产、分配和销售基地？

➢　候选被许可方在市场中有什么优势，是优点还是缺点？

➢　被许可方是否能够直接或者通过再次许可的方式全面地开发市场？

什么样的被许可方有最强的能力和动机去充分开发技术？

大规模广泛的信息资源可用于确认以上信息。传统意义上分类如下：

➢　第一手资料来源——许可方雇员、顾问团队、交易会出席人员；

➢　第二手资料来源（公开的或公共的来源）——如专利、年度报告和专业公司收集的关于竞争者的情报信息。

协　　商

许可方可以通过很多途径接触潜在的被许可方：

➢ 如果有已经存在的技术交流，那么可以依此发起新的联系；

➢ 如果许可方明确自身权利遭到侵犯，应首先联络被许可方法律部门；

➢ 与技术或商业管理者取得直接联系；

➢ 任何提供的材料需有目标性与针对性，并且明确转让技术对被许可方的有益之处。相关内容已在之前章节进行阐述。

大多数商业谈判中，谈判双方都试图寻求胜负结果，即一方将以另一方的开支为代价寻求自身收入的最大化。然而，许可权协商过程中，许可方意图达成双赢结果。

这一立场的产生是因为大多数许可涉及提成计算。该许可权会使许可方的收入因被许可方成功利用许可的知识资产成比例增加。因此，这是从许可方利益出发达成交易来确保被许可方在商业上的成功。比如说，从许可方的长远利益出发考虑的同意一个低起始提成率或许可使用费暂时中断期，这样新的交易就不会因为高昂起始花费而承受负担。

然而，很难达成符合双方利益或被许可方利益的协议，即使许可方作出一定程度的让步。因此，许可方将尽可能充分准备以希望最终达成满意协议。

许可协商准备

在准备与被许可方的协商时，应当考虑以下的内容：

（1）需要在协商的过程中牢记的主要问题，比如说：

➢ 是否需要与被许可方建立或维持一个长期的工作关系？

➢ 协商过程中，谁有权规定条款内容——换句话说，对于已签署的许可协议，哪一方更具有倾向性选择权？

（2）许可方谈判底线、可替代协议方，以及优先权：

➢ 关注点是否应当是最大化许可收入、获得改进技术的知识产权、赢得转包项目等。

➢ 许可使用费应当如何被提取——提成计算、预先支付、年度付款，目标支付、股权转让（或者采用组合方式）——并且何时进行支付？

➢ 被许可方是否需要被鼓励去充分开拓市场——被许可方是否拟定明确行动目标，是否确定了许可延长期限，是否被要求支付最低保证金。

➢ 哪一个市场细分应当授予被许可方——直接或者通过它们的能力获得再次许可权。如果市场限制是必要的，它们是否应当适用于使用、生产或者销售？

➢ 是否存在能够被接受的风险，是否存在应当被转移的风险？

➢ 哪些改进技术知识产权应当被确认或许可？

➢ 被许可方是否应当承担产品的责任和其他的售后担保？这些是否需要由保险覆盖，如果是的话，是否有一个可承担责任的上限？

➢ 被许可方是否有可能愿意执行需要获得许可方同意的行为？

➢ 许可方是否需要具备反侵权行为能力？

➢ 许可方是否需要掌握专利代理申请流程信息，哪一方为专利续展付费？

（3）被许可方协商底线、替代选择及优先权利：

➢ 被许可方寻求公知公用技术、专卖权或是技术秘密使用途径。

➢ 被许可方可承受的许可使用费最高限额，对于许可协议而言，被许可方替代选择是什么？

➢ 许可协议规定何时许可使用费支付可以实现？

➢ 被许可方寻求何种退出机制？

➢ 被许可方是否应当具备再次许可的能力？

➢ 对于潜在的被许可方而言，何时对专利有效性提出异议，而非获取许可更有吸引力。

➢ 是否有为被许可方或是它们的竞争者提供经济型规避设计选择？

➢ 许可方任何试图改进技术的尝试（如果要求），是否会损害被许可方的市场地位？

➢ 被许可方是否应当具备采取反侵权行为的能力？

➢ 是否存在许可方不愿公开的知识资产信息，如源代码、标准数据等，但被许可方有使用该信息的需求。若许可方拖延许可或中止交易，是否可选择签订托管协议？

（4）应运用一些评估方法确定一个合理的许可使用费费率。第 16 章将详细阐述，应当包括：

➢ 经验法则，即被许可方销售利润的 25%；

➢ 产业内，许可方以及被许可方常用平均许可使用费费率；

➢ 根据被许可方经营模式核算。

（5）最后，以上所有讨论过的思路需要在协商开始前讨论，以解决以下问题：

➢ 是否有足够的共性达成一个可持续发展的协议？

➢ 首轮许可谈判开价，与最终谈判底线的差距？

➢ 在谈判过程中应当作出什么样的让步？

谈　　判

因此，充分准备是许可谈判成功的关键因素。除此之外，谈判氛围也很重要，这一般来说包含以下几点：

➢ 建立一个友好并且开放的对话——如果某员工了解谈判对手团队成员，或与其相处融洽，那么就应当考虑将该员工也纳入谈判会见当中。同时，以一个相对安全并且没有对抗性的问题开始谈判是一个有效的方法。

➢ 有一个明确的协商起点。

➢ 记录已经达成或尚未解决的问题。

➢ 当谈判涉及许可使用费，任何报价或还价需有一个合理的解释。当就许可使用费谈判陷入僵局时，双方可协商达成一个估价方法，并且围绕数据（销售数量、起始花费等）进行协商。如果还未达成协议，双方应试图明晰商业模式以及协议关键问题。

谈判也将得益于有一个目标明确的商议议程。一般来说，第一次会议应当将注意力集中在明确重要的问题和双方潜在的谈判坚持点，而不是寻找解决方法。因此，在一个起始议程中，关键是：

- 了解被许可方需要具有哪些知识资产，以及这些资产将如何被利用；
- 明确许可方目前已经拥有哪些知识资产以及是否有权许可；
- 披露有关背景资料，尤其是那些在谈判过程中有可能成为绊脚石的问题；
- 明确谈判中需关注的主要问题并快速浏览许可协议框架内容。

第 15 章
协　　议

许可协议

为便于理解，通常情况许可协议划分为若干标准内容段落。以下列举的段落标题是在草拟许可协议时需慎思的主要问题。

协　议　方

该段内容需确定协议中法人实体。貌似协议双方身份确认简单明了，但仍需谨慎核查。

➢ 许可方或是协议涉及的知识产权的权利所有人，或是有权出让权利人（例如，有时候，实际上是协议外另一个集团公司为知识产权所有人，因此需将该集团公司纳入协议方之一）。

➢ 双方均有促成协议之影响力，有必要审查协议双方公司章程、条款以及签订许可协议的代表授权。

协议在默认前提下，一方误以为所有协议内集团公司都拥有权利，此时将出现权利归属情况混乱。事实上，除非特别声明，权利和义务只针对协议确认的实体。

序　　文

序文简略介绍协议背景和目的，是双方意图的一个总结。阅读协议序文可快速了解该协议大意内容。这部分协议内容并非主体，但该部分文字描述需精简准确，且以不损害任何一方利益为要求。

定 义

该部分涉及协议中经常使用术语的定义。如果一个单词的首字母为大写，则视其为一个专业术语，例如，首字母为大写的“许可权利”是一个专业术语，相反，则不视为专业术语。某些条款必需明确定义：

- 产品说明和列表需明确定义知识产权；
- 如果涉及授权使用费，需要定义单价或者是发票净额；
- 如果被许可方的权利被限定在一个特定的领域，就需要定义该“领域”。

授 权

该部分内容涉及授予被许可方的权利及许可方保有权利。下面有三种授权方式：

- **普通许可**，即许可人可以向其他被许可方提供许可权；
- **排他许可**，即许可人不可以向其他被许可方再提供许可权，但是自己可以继续使用该知识产权；
- **独占许可**，即许可人既不能向其他方提供许可，同时自己也不能继续使用这知识产权。

这些权利受市场和时间限制。比如，被许可方可以被授权在美国独家制造，而在其他地方，许可人实施普通许可方式。这种限制可适用于制造、销售、租赁等。然而应该考虑实践中该措施的可操作性。比如，一个被许可人可以被授予在特定的地理区域制造和销售产品，需要考虑一下，这样的销售限制是否需要。比如，第三方购买了产品，然后在许可方自己想要开发的或者是想要授权与其他制造商的地区出售，如果出现这样的情况会怎样？在这些情况下，就有必要要求最初的被许可方保证他的客户承诺不向这些受限制的地区转售产品。

了解被授予权利的内容很重要。更需明确是否被授予的权利涵括制造、使用、出售、复制、传播、制作衍生品等。

需明确被许可方的再次许可权利。通常情况下，被许可方的再次许可权取决于许可方，因此，协议通常指明被许可方不可刻意隐瞒再次许可状况，即许可方权益通过协议内容达成和解。

报　酬

许可协议应明确授权使用费何时到期以及如何确定金额，以下为几种授权使用费支付方式：

- 一次性付款；
- 一个定期固定费用，不考虑销售量；
- 根据被许可方出售或制造每件产品来计算的固定费用；
- 根据被许可方收入计算；
- 触发事件可以用来判定授权使用费何时启动、停止或被更改；
- 包括以上所有的情况。

当核算授权使用费时需要考虑如下问题：

- 许可方希望授权使用费制度能够激励被许可方充分开发市场，因此能产生最多的授权使用费。当涉及独占性的许可时，许可方不希望发现，其收入只和被许可方的销售有关，或者是和一个只对阻止新技术进入特定市场的组织有关。

- 当授权使用费只与产品或是服务的销售有关时，协议定义的准确性尤为重要。例如，被许可方不能通过将产品或服务分裂成次级产品/服务来减少授权使用费支付，或只对出售的低价值的次级产品/服务来支付特授权使用费。

- 授权使用费可以通过多种途径来获得。被许可方可通过授权的知识产权获取收入，如，使用、雇佣、销售、再次许可、作为抵押品和制造方式，等等。

- 当授予的权利涉及技术秘密和专利的时候，协议可能涉及已过授权期的专利，为了避免协议在某些国家无效，有必要确定涉及相关的技术秘密和专利，授权使用费有多少比例，当专利过期的时候就可以很快地调整授权使用费。

- 若存在被许可方或被许可方子公司对授权的技术再次进行研发并出售的情况，还应考虑许可方可否能获取相关回报。如果被许可的知识产权由一家刚成立的公司引进，最大的收入来源可能是产品销售业务，而不是最初的产品运营，在这种情况下，许可方就有必要获取一部分销售收入或是招股价的股票。

许可方有时授予被许可方“最惠条款”，明确该承诺许可未来不可提供给其他组织。

期　　限

协议期限的定义为协议必要组成部分。或为固定期限，或者是依据有关知识产权的生命周期而定。同样也需要明确协议方延长协议期限的权利。

财务条款

这些条款将规定被许可方需要保留和提交的相关记录，以便许可方核算授权使用金额，许可方也可以坚持审计的权利，以确保被许可方的这些记录是准确的，涉及该内容许可协议部分还包括：

- 确定授权使用费存入的银行账户；
- 规定应以何种货币支付；
- 规定何时支付；
- 规定支付滞纳金。

协议修正

协议应明确协议方修正协议内容的权利。许可协议内容还包括如下：

- 明确修正协议内容（如，涉及侵犯授权转让知识产权内容，授权转让知识产权再次研发产生的商业利益，授权转让的产品或服务引入其他知识产权特性，等）；
- 规定协议方有责任通知对方自己作出的任何改变；
- 规定谁主张协议修正，谁有权定义确保修正内容实施方式以及因修正产生的费用支付方式。
- 规定协议方对修正内容接受与否的权利。

注意：授权前期条款是由许可方制定，限定被许可方的权利，授权后期条款是由被许可方制定，限定许可方的权利。

保　密　性

限制双方公布或使用协议期内产生或接收的保密信息。如果许可协议未对此进行限制性描述，有必要定义什么构成商业信息。如果没有明确的上述保密信息列表，有必要在协议内包含如下表述：

- 它不是一般意义上的贸易或业务；
- 在某种程度上，它的经济价值是有限可用性的结果；
- 努力维持其保密性。

根据信息的重要性和敏感性，可以根据一些标准规定其使用和管理方式。通常，被许可方应当实施许可方的标准。虽然，这有时标准是不够严密。另外，可以通过案例列举可以接受的最低标准，即，当信息封存无需使用时，当信息被存储于计算机网络，访问权应严格限制。协议还可以列出可以使用信息的情况，比如将设定工艺参数给指定的工厂，或仅提供基本信息，等等。

许可方的义务

某些条款为必要内容，如：

- 许可方有义务保持知识产权有效；
- 许可方可以提供何种援助和信息——涉及援助等级的高低情况应在协议内容中体现。

被许可方的义务

被许可方义务，应该包括：

- 充分开发市场潜力，协议内容有可能仅为一项声明，阐述开发市场潜力，或者协议包含一个更详细的目标列表或者是措施内容列表。
- 通常规定许可方的名称是否被使用，比如，要求被许可方在营销宣传材料和/或包装的标签上提到许可方信息。相反，也有可能要求禁止泄露许可方的名称。

➢ 要求被许可方践行协议规定的具体条款。

担保和赔偿

注意：担保是一方给另一方具体的保证；赔偿视特定情况发生或未发生作出的补偿。

以下为典型的条款内容：

➢ 许可方担保自己拥有实施授权转让知识产权的所有权，或者是有权签订该授权协议。

➢ 许可方承诺确保授权转让的知识产权不侵犯第三方知识产权。

➢ 若被许可方不当使用授权转让的知识产权导致产生额外支出费用、损害赔偿，被许可方应承担全部费用（作为条款的规定内容之一，被许可方可能被要求支付适当保证金，当被许可方的财政资金不足时，许可方会要求履行此条款内容）。

➢ 或许还会有其他的条款来限定一方或多方的责任义务。可以采用既定现有模式，责任限额与协议现定的收入总值保持一致。

在有些情形下，被许可方需明确表示，转让方被许可的知识产权不可侵犯第三方的权利。产生该请求原因如下：

➢ 被许可方对知识产权的法律问题不精通，并认为这是一个合理的请求（通常情况下，该授权转让不应涉及调查知识产权是否由第三方持有，而非转让方）。

➢ 被许可方拥有谈判导向性地位时，尤其授权协议作为一揽子商业协议部分内容时，许可方已经别无其他选择权。

侵　权

协议应该明确说明如果发现有第三方侵犯知识产权将会发生何种状况。具体来说，协议需要明确，由谁对侵权行为实施反侵权行动，谁来承担行动的费用，以及谁来获得损害赔偿。

当涉及独占许可时，被许可方就有权采取行动。然而，当许可权非独占许可时，决定谁来采取行动就有一定的难度。

即使是被许可方采取反侵权行动，许可方可能也会主张应该获取一部分的补偿，因为产生的赔偿是因其知识产权产生。

协议中也可以包含在一些情况下，允许授权使用费减少或暂缓支付的条款，例如，发生了第三方侵权，但是没有采取反侵权措施，或者是反侵权行动失败。

仲　　裁

许可协议规定调解或仲裁条款以解决协议双方不可调和的矛盾纠纷。

➢ 调解：调解人必须是经过培训和公认的。调解人的作用是帮助各方解决纠纷，不能强制实施调解方案。

➢ 仲裁：仲裁一般是对双方都有约束力。因此在概念上类似诉讼，相比而言，仲裁程序实施一般较快并且成本较低。

协议终止

应该明确在什么情况下谁能够终止许可，协议终止的情况如下：

➢ 未支付授权使用费；

➢ 违反保密义务；

➢ 被许可方或许可方是否有权单方面终止许可协议。

该条款还应明确，终止协议后，协议涉及的哪些权利、义务和行为依旧有效，哪些行为应逐步取消；哪些行为在协议终止日暂缓进行；哪些行为在协议期满后仍可继续进行。

许可协议的形式

许可协议采用“密封”或“受控”形式。对于一个无法律约束的许可协议应采取“密封”形式。在这种情况下，签署协议时就必须有一名或多名见证人。

模板条款

这部分是用来归纳不适用于以上内容的其他协议背景条款。模板内容可能涉及以下信息：

➢ 协议双方联络方式；

➢ 运用哪个国家的法律解释协议内容；

➢ 是否可以指定签署权利和义务。

大学研究协议

公共团体或民间组织选择资助大学研究课题原因如下：

➢ 大学可以提供其他途径得不到的技术和专业知识；

➢ 通常来说，大学的税收费用相比企业来说是比较低的；

➢ 赞助商的项目资金投入可通过授权费取得收支平衡；

➢ 赞助可以有助于游说政府，与地方当局和势力集团建立联系。

然而，通过大学实施授权转让也存在一些不利因素：

➢ 个别研究机构和部门是靠出版物的质量和数量来获得声誉。因此，研究人员对于研究结果的公布承受很大的压力。然而，公布这些研究结果并不是赞助商的兴趣所在。

➢ 从研究至生产环节的知识转移比较困难。

➢ 大量的时间会花费在合同洽谈上，特别是涉及知识产权的条款拟定。

➢ 时间选择和进展通常取决于参与研究的学生自身情况而定。一般情况，学生只能在有限时间段完成研究工作，撰写并发表论文。

因此，许多组织只将长期研究项目交给大学完成，并与大学签订特定技术领域研发协议。

学院内部知识产权协议条款

研究协议必须：

➢ 规定权利和义务，协议双方都应尊重协议方背景和因研究产生的知识产权；

➢ 确认谁拥有研究中产生的知识产权；

➢ 规定如果知识产权被使用或被商业开发，大学和研发人员申请赔偿依据；

还应该考虑到以下内容：

研究项目赞助商权利

大学通常不愿意在研究协议中明确知识产权授予项目的赞助商。他们往往会寻求延迟谈判直至研究成果已进入实施生产开发阶段。通常情况，赞助商无法接受当研究项目完成后，知识产权归属问题还未得以解决。赞助商还希望研究协议明确研究项目在执行中涉及的成本以及需执行的承诺。

关于资助项目产生的知识产权价值也会存在分歧。通常，除非资助项目产生专利或有价值性数据，赞助商一般不愿意资助研究项目。如果资助项目产生的知识产权仅为技术秘密，赞助商就会主张其已经在研究协议规定的资助款中涵盖了使用权费用。

图 15.1 表述较低的授权使用费（可能为零）是否合适，或者是大学是否有理由对资助项目产生的知识产权索取授权使用费。

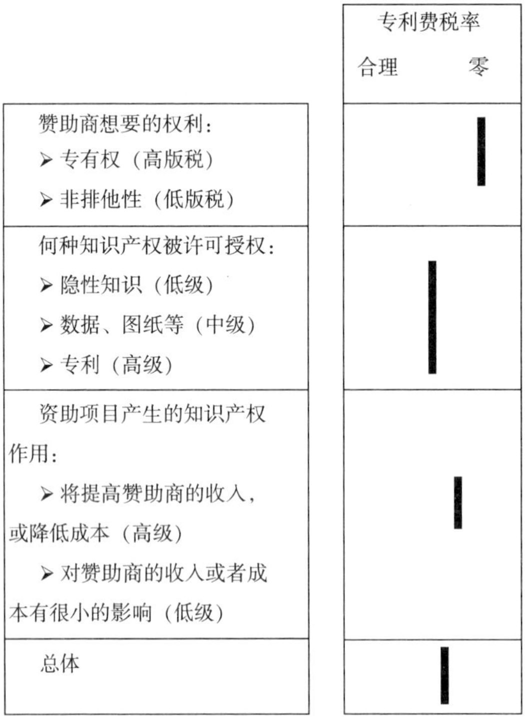

图 15.1　资助项目产生的知识产权的价值

形成中的知识产权所有权与权利

这是谈判中最难解决的问题。大学希望拥有形成中的知识产权，其需要以此来确保在赞助商的利益范围以外，可以利用知识产权产生效益。然而，知识产权是合同中的主要的交付物。赞助商通常认为自己应该拥有此类知识产权权利。实际上，它是一个有争议的问题，任何一方都没有必要需以拥有知识产权为前提获取开发权利和控制权。这些都可以在协议中由许可方来规定。现实中存在争议问题如下：

- 谁拥有全部市场权？
- 应该向另一方支付多少授权许可费？
- 谁来支付专利诉讼费？谁来承担讼诉？

最近，一些大学选择在项目启动开始时就拒绝授予赞助商任何知识产权权利。但大学会承诺在一个既定时间段内，赞助商可通过谈判来获取关于形成中的知识产权以及资助项目产生的知识产权，除非大学在谈判中处于很强势的地位，否则这种方式任何赞助商都不可能接受。这种策略是近几年来大学采取的强势姿态的表现。不可避免的，最终使谈判变得更加困难和耗时，最终导致许多赞助商决定减少大学的科研经费。

第 16 章 知识资产评估

知识资产的评估作为日益受关注的领域吸引了众多组织志立于研发评估知识产权或其他知识资产价值的工具。这种动力主要来源于以下需求，包括：

➢ 监控资产价值趋势，由此发现问题，并进一步评估管理措施是否成功地提高了资产的价值；

➢ 理解不同价值形式，组织作为一个整体，其价值往往体现为组织的股票市值，也可以体现为其固定资产的价值；

➢ 提供参考数据以实施对集团公司或第三方的资产授权，收购或处置方案。

然而，有目共睹，随着关键绩效指标（KPI）和度量指标使用度增强，管理层诉诸金融措施并非必要。例如，假设前提为已知项目价值，专利实用性以一个简单指标予以表示并反映相关项目的商业成功率是否取决于该项专利。尽管如此，在使用度量指标的时候还应该谨慎行事，评估者和评估报告阅读者对于受评资产评估角度以及属性呈现方式有共同认识。只有明确指标体系使用方式才能够合理开发。对此外部利害关系人，董事会和生产管理人员会各自有不同的需求。

财务价值评估不涉及以上问题，因为它通常比较容易解释。然而，知识资产的评估并非一门精密科学且难于解释。

本章内容涉及知识资产评估途径以及组织可使用的作为替代选项的各类标准指标。

财务评估

存在许多方法可用于知识资产评估，而这些都起源于三种基本评估途径：

收入法	
这种方法旨在直接计算因特定知识资产使用可能产生边际利润率的增加	例如： ➢ 因性能数据可用性，完成任务所需资源减少。 ➢ 设计规格的可用性促使组织通过竞争性投标方式外包生产。 ➢ 由于专利覆盖范围致使竞争对手不能进入市场，从而增加边际利润率

市场法	
这种方法旨在通过参考另一个具有已知价值的资产来确定某项知识资产的价值	例如： ➢ 在类似的知识产权或资产进行评估的情况下，两个不相关的双方之间也会产生许可。 ➢ 已经被独立交易的类似商品

成本法	
这种做法旨在衡量知识资产替换或复制的成本	例如： ➢ 创建一个工程设计方案的成本。 ➢ 需要研发一项技术的成本

每种方法都有其利弊。以下表明针对不同的知识资产，哪些是最合适的评估方法：[1]

[1] G. V. Smith, Russell L. Parr. Valuation of Intellectual Property and Intangible Assets [M]. New York: John Wiley, 1994.

方　法	首　要	次　要	最　弱
专利与技术	收入法	市场法	成本法
商标与品牌	收入法	市场法	成本法
著作权	收入法	市场法	成本法
销售网络	成本法	收入法	市场法
企业实践与工作流程	成本法	收入法	市场法
产品软件	收入法	市场法	成本法

以下例子说明了这些方法如何被应用于实际工作中。

收　入　法

收入法认为，知识资产的使用可能会促进边际利润持续增长。这些增长的利润可能会出现在以下几个方面：

➢ **高价政策**：这种方法关注的是通过资产的使用提高经营收入中的额外利润；

➢ **成本节约**：这种方法关注的是使用知识资产所产生的成本节约；

➢ **超额营业利润**：这种方法关注的是由高价政策和成本节约两种方法结合而促成的利润的增加。

收益法需要考虑到所有的现金流和不确定性。需要了解市场和业务的详细信息。

这种方法可以用一个简单的例子加以说明，从初始研究到形成产品，“创意”贯穿了其不同的发展阶段。

	初始研究	原型产品	建立生产线	首次上市	生产

下表列出了进行这项分析需要的成本、收益和概率数据。

每个阶段的失败概率	50%	10%	10%	5%	0%
活动中的支出/收入	－£ 10 k	－£ 100 k	－£ 500 k	－£ 100 k	每年 100 万英镑营业额，10 年累计 30% 利润

该产品的开发如下图所示的决策树——很明显有五个可能的结果，其中四个为失败模式。

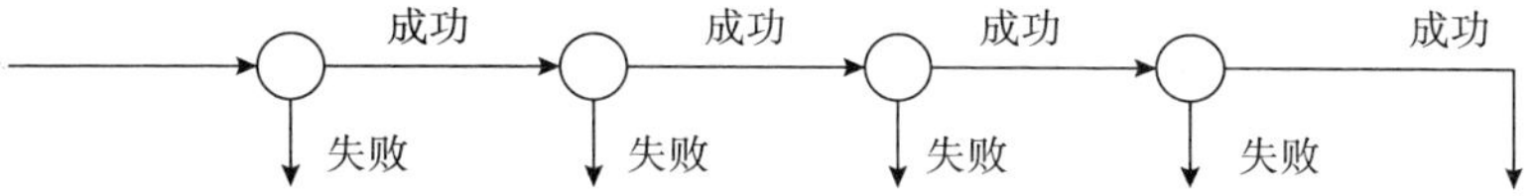

我们现在需要计算每个结果的财务影响，以及概率。

累加的产出概率	50%	5%	4.5%	2%	38.5%
累加的支出/收入	-£ 10 k	-£ 110 k	-£ 610 k	-£ 710 k	£ 2290 k
价值	-£ 5 k	-£ 5.5 k	-£ 27.5 k	-£ 14.5 k	£ 881.7 k

每个结果的值相加，我们最终算出这个项目的总价值 82.92 万英镑。

一项特定知识资产的作用可以绘制成这样的决策树。例如，新产品生产线设计所用到的现有技术秘密，其作用可以引入这种评估，包括不从事此项技术秘密的开发所节省的资金，和推测减少的失败率。这将使项目产生另一种差异价值——差异显然是这一技术秘密赋于项目的价值。

然而，我们所描述的方法一定程度上存在着弱点——我们假定今天的 1 英镑与几年后的 1 英镑价值相同——事实并非如此。因此，收益法通常使用折现率，被称为“资本成本”，以削减未来收益与支出的价值，然后用这些数字计算出净现值（NPV）。

设定折现率为每年 8%（会计师常用的比率值），并假设每个发展阶段需要一年，现在我们可以将一个成功推出产品所产生的开支制成表格如下：

如果这个项目最终成功，那么收入流的价值为 30.703 万英镑。然而，我们现在需要对其他四个可能的结果做一个类似的分析，（可能的预期支出费用但该项目最终失败）。加总所有数值，我们最终得到 26.52 万英镑的价值。这个值被称为该项目的净现值。

当前价值（折现价值）由现金流乘以折现率得到　　本栏目值是折现现金流和产生收入之和

年度	现金流	折现率	折现值	事项概率	可能的净现值
Now	-10	1	-10	1 0	-10
+1	-100	0.92	-92	0 5	-46
+2	-500	0.846	-423.2	0.45	-190.44
+3	-100	0.779	-77.87	0.405	-31.54
+4	300	0.716	214.92	0.365	82.74
+5	300	0.659	197.72	0.365	76.12
+6	300	0.606	181.91	0.365	70.03
+7	300	0.558	167.35	0.365	64.43
+8	300	0.513	153.97	0.365	59.28
+9	300	0.472	141.65	0.365	54.53
+10	300	0.434	130.32	0.365	50.17
+11	300	0.4	119.89	0.365	46.16
+12	300	0.368	110.30	0.365	42.47
+13	300	0.338	101.48	0.365	39.07
				合计	307.03k

上面的例子比较简单，在更为现实和复杂的业务场景中，这些分析的计算变得复杂，一般由电子表格进行处理。

值得一提的是，在前面的分析中，我们没有给初始“创意”一个价值 。在许多情况下，特别是许可谈判，找到一个评估这种原始创意的方法是很重要的。

价值推断可以有如下方式：

大多数行业和组织对于一个投资通常所期望获得的收益都有一个一致的比率。这就是所谓的行业的回报率或内部回报率（IRR）。“创意”的价值和项目取得内部回报率是相一致的，可以用本书提出的分析方法重新确定。

这种计算是简单地用相关 IRR 值（一个典型的数值为 12%）来替换折现率值（ 8%）。如此计算的项目价值可以归结为“创意”的价值，在这个例子中，它的价值是 11.86 万英镑。

应该注意的是，通过这种分析，“创意”有可能最终得到一个负价值。当然，只有当项目预计产生的利润少于该组织通常期望的从投资/风险中得到的利润时，才会发生这种情况，因此该项目可能会中止。

注意：在许可谈判中，很有可能的是，被被许可方不愿意分享需要执行上述评估所需的信息。因此，此方法可能不适合解决许可方和被许可方之间对于知识资产许可价值的争论。然而，它将使被许可方清晰地规划出创意真实价值。

市场方法

知识资产的价值的确定，需要一项可比交易的验证，也就是说，它的价值是参照类似知识资产的已知价值确定的。

评估知识资产时，搜寻可比的市场交易几乎是徒劳的。这倒不是因为在一份冗长的买卖与许可数据清单中找到可比交易十分困难，而是因为知识资产一般不会被出售，因此数据是非常稀少的。

然而，在最简单的层面上有一些既定的经验法则，虽然只能提供粗略的指导，但已经成功地使用了很多年：

➢ **25%的规则**：一般默认企业创造的25%的利润可以完全归因于其知识资产；

➢ **技术秘密与专利的相对价值**：很多法院判例裁定，在默认情况下，适于将25%到33%的成批知识资产价值归因于专利。

成 本 法

这种方法旨在测量替代或复制知识资产的成本：

➢ 复制成本，是基于资产从最初的概念到目前的配置所进行独立再生产的成本。

➢ 替代成本，旨在确定用最近的、可用的替代品替换资产产生的成本。

实例包括：

➢ 创建一个工程设计方案的成本。

➢ 必须启动一个特定的技术的研发沉没成本。

这样的评估需要考虑到：

➢ 管理费用

➢ 工资及相关费用

➢ 外部成本

➢ 资本投资，等等。

一旦替代或再生产成本已被确定，那么就要考虑作出调整，进行折旧或报废。

这种方法的优点是，一般完成速度很快。但是，它不适合大部分知识资产的评估，有很多原因，包括：

➢ 没有建立源于该资产的经济效益上。

➢ 没有考虑竞争对手立场的影响和作用。

➢ 忽略了风险和不确定因素。

如果我们试图将这种方法应用到前面的例子中，局限就很明显了。具体来说，“创意”的价值简单地变成了其创作中的费用。根据不同的情况，这可能是发明者静坐思考 5 分钟费用，也可能是一个主要研发部门夜以继日地工作了 5 年的费用。

市场法和收入法都把“创意”的价值范围定在£ 100k 到£ 150k。如果我们假设一个研究人员的内部人力成本是每年£ 75k，并进一步假设，研究人员每两年提出一个这种类型的“创意”，那么成本法会产生同样的数值。然而，同样的相似方案会产生差异很大的价值。

许可费节省法

“许可费节省”方法的意图在于，如果第三方拥有组织所需要的知识资产，那么要确定组织期望支付许可费用额度。该方法是收入法的一种变通，但，价值由收入或者利润流乘以许可费费率来确定。这种方法被广泛使用在转让定价计算和很多其他实例中。

任何使用许可费节省方法的评估工作仍然会需要使用大量交易数据来确定一个可比较的许可费率。幸运的是，信息可以来源于一系列的外部出版物和互联网网站。此外，大型会计师事务所已经建立了大量用于价格分析的数据资源。以下是这些资源[1]提供的典型数据集合：

---

[1] R. Goldscheider, J. Jarosz, C. Mulhern. Use of the 25 Percent Rule in Valuing IP [M]. Les Nouvelles, Dec 2002.

	平均许可费率	营业利润平均数	许可费占利润的百分比
电子设备	4.5%	8.8%	51.2%
半导体	2.5%	29.3%	8.5%
电信	5.0%	15.9%	26.7%

然而，即使访问的数据涵盖了大范围的交易，也很难找出一个完全相同的可比交易。不可避免的是，评估工作启动时将参照一个类似的交易或一系列的行业规范——考虑到可比交易和被评估资产之间的差异，调整是必需的。

如果我们使用这种方法评估以前讨论过的“创意”，那么分析如下所示。

正如先前强调，我们评估需要有可比交易或参考行业平均许可费率。假设，在这个市场中，许可的知识资产价值通常介于营业额的2% ~6%。

	低	中	高
许可费率	2%	4%	6%

现在通过分析评审一系列标准，来验证我们的实例在此范围内是处于顶部，还是处于底部。下面给出了这种类型分析所考虑的典型标准，并给出标准的假定得分。应该指出的是，即使在真实的分析中，这些得分往往并非被采用严格的方法核算出，而是通过组建包括技术、商业和技术人员在内的讨论会达成的共识。

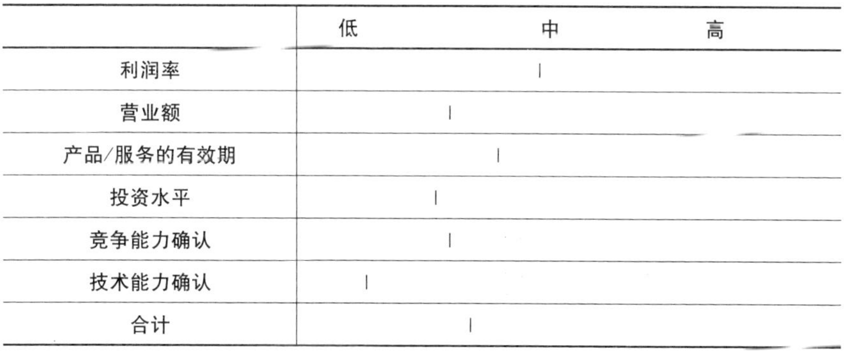

在这种情况下，分析产生的许可费率稍低于平均营业额的3%。将这个许可费率应用于之前提及的案例，其年营业额为100万英镑，产生的价值为每年3万英镑。将收入用8%的资本成本加以贴现，我们最终得到创意的价值为15.19万英镑。

与单纯的收入方法相比，许可费节省法通过溢价定价、成本节省或超额经营利润的方式来评判一项创造价值的知识资产的价值。

未成熟知识资产评估

很多情况下，知识资产在其效用和用途明晰之前，理论上需要进行评估——在大学和公司之间的许可谈判中经常会遇到这种情况。

当未成熟知识资产进行许可时，许可方会建议当未来这些资产价值很容易计算的时候，在那个时间节点达成一致的许可费用。然而，拖延谈判并非被许可方意愿，他们害怕等到技术成熟，甚至已经为开发投入了大量时间和金钱之后，才不得不开始谈判。很明显，在这种情况下，许可方在谈判中有着非常强势的地位，而被许可方地位被削弱了。因此，被许可方一般希望在进行投资之前，能够就许可费率，至少是评估方法达成一致的协议。

最近，一些大学提供了知识资产许可的选择办法，即在一个固定的时间段内，公司保持是否开始谈判的权利。然而，鉴于随着时间的推移，公司谈判地位将再次被削弱，因此除非该协议能提出具体价值或评估方法，否则难以吸引公司。

衡量指标

应当定期审查和汇报经营战略中的组织知识资产组合联盟状况。可以使用衡量指标以开展类似活动，集中于以下方面：

➢ 知识资产的“角色”。在这里指标用于衡量一个给定的资产类型对于成功经营的潜在重要性。例如，在市场上有大量的可互换的或可低价开发的技术，那么专利的地位一般受限制。然而，当市场上仅有数量有限且开发成本高昂的技术解决方案，那么专利的地位就会显得重要。

➢ 知识资产的“效用”。在这里指标用于衡量一项给定的资产是否目标性适用。例如，在专利权具有显著地位的业务中，专利的拓展、授权和索赔就会有很高的效用。然而，当专利的地位受限，那么其效用同样会受到限制。

因此，专利具有较高地位的服务、项目或产品理论上应该有一个高效用的专利组合。相反，如果有专利的地位受限，那么为创建一个高效用专利组合支出是不合理的。因此，任何度量指标之间的不匹配表明此处存在问题。

知识资产可以通过四种基本途径对产品、服务或项目的盈利能力产生影响。制定指标系统时，这些需求需要加以考虑：

- 降低成本——例如，制造、分销、营销，等等；
- 增加销售——无论是在销量还是在市场渗透速度上；
- 促成溢价——通过实际或预期的产品/服务差异来收取；
- 提高竞争对手成本——通过限制其生产、分销或营销权利。

在制定旨在确定专利或商标的地位和效用的度量指标时，以下问题需予以关注。

专　　利

确定专利地位时要考虑的问题：

- 受专利保护的技术在商业上的重要性。
- 在实践中，专利能否约束商业中损害竞争对手、客户、供应商或分销商的行为？
- 专利是否是约束竞争对手、客户、供应商或分销商的活动的最好方法？

确定现有专利的效用时要考虑的问题：

- 一旦授权，专利（群）能否提供了一个真正的关卡？
- 一个强大的专利（群）胜出的概率是多少？
- 专利（群）能否被强制执行？

在用市场法评估的情况下，每个指标的总分值通常由包括商务、技术和研发人员组成的委员会来确定。

品　　牌

确定品牌的地位时，要考虑的问题有：

➢ 在这个市场领域，品牌是否对价格产生影响（或购买产品是基于差异化的技术，等等）？

➢ 在这个市场领域，品牌是否对销售量或者投标成功率产生影响（或销量由价格、与分销商的关系决定，等等）？

➢ 品牌如何持久（竞争对手树立品牌需要花销多少以及计划在何时）？

➢ 同一品牌下的相关产品的销售情况如何？

确定现有品牌的效用时要考虑的问题有：

➢ 预期实现的增高标价水平较行业平均水平到什么程度，多大程度上，利润是由品牌效应实现的？

➢ 预期实现的销量较行业平均销量到什么程度，多大程度的销量是由品牌效应实现的？

➢ 顾客忠诚度较行业正常水平（重复交易水平）到什么程度，多大程度的这类销售是由品牌效应实现的？

➢ 品牌是否得以充分营建以阻止仿冒，或是否进行了商标注册？

➢ 市场是否可能会发生一些变化，从而使品牌受到影响？

若可行，利用这种评估形式来评估所有支撑产品、服务或组织的知识资产。这些数据可以用一个简单的表格展示如下。

提供详细的分值并非总是必要的——通常使用简单的高/中/低级别表示

资产	需求	效用	差异因素/使能因素
专利	高	高	
商标	低	低	
工业技术秘密	中	低	差异因素
分销网络的关系	高	低	使能因素

往往值得强调“使能因素”和“差异因素”

大多数组织可能已经有一个为大家所接受的关键绩效指标系统，如果可行，这些知识资产指标可以添加进去。

评估——最终报告

使用度量指标或采用严密标准方法论的方式对资产进行评估，会更好理解组织，包括其主要优势，劣势，面临的机会和威胁。参与评估活动的人往往会发现，这种对组织深层次理解是一个来自评估活动的显著的附加（或者甚至是主要）收获价值。

第 17 章 尽职调查

就知识产权领域而言，“尽职调查”可适用于以下两种不同活动：

➢ 分析识别预期兼并、收购或投资的风险和价值；

➢ 进行调研分析活动，确保无第三方知识产权影响本组织特定产品或服务的研发、销售或许可销售。这通常被称为“自由使用权分析”。

关于兼并、收购和投资的尽职调查

此处提及的尽职调查主要着重分析有可能对预期计划交易产生影响或带来风险的资产或事项。

开展任何尽职调查之前，有必要清楚了解目标企业和交易目的，以便有的放矢。如果没有这个前提，尽职调查有可能陷入一项以统计分类目标企业的整体知识产权组合的审计活动。该活动旨在调查这些资产有效性和可交易性。

当一家企业解散，收购方不仅需要确保收购的知识资产可用于将来企业经营，而且需要明确出售方无隐匿或保留任一可能限制企业今后自由经营的权利。同样，出售方希望保留可支撑余留业务的知识资产，不会放弃有可能被用于限制其将来商业活动的权利。

调查评定活动需以对出售方放弃的市场和技术以及买卖双方竞争点全盘了解为前提进行，但在现实中，多数情况下此前提被忽视。

如图 17.1，根据目标企业的特性，尽职调查可能侧重执行四方面活动。

企业特点		尽职调查的重点
单项知识产权对于实现商业诉求有多重要？特别是：		
➢ 目标企业目前或将来会不会继续研发或生产大规模无关联的产品或服务？如果是这样，那么知识产权的任何单项的问题会导致不太可能承担重大的商业风险，或者会影响交易价值。	→	对知识产权管理方式进行调查以确保不当管理行为不会导致整个产品或服务研发和生产阶段出现突出的特定知识产权问题
➢ 然而，如果目标企业只拥有数量有限的核心业务产品或服务，支撑型知识产权的质量可能会影响风险和价值。	→	确认关键性知识产权，调查其有效性、技术生命周期、优势及可转让性
交易是否有明确界限？ 若拥有被收购企业知识产权的购买方解体，将需要投入时间和金钱来确定和分配知识产权。 此外，需要统一的纠纷解决机制处理知识产权错误分配。	→	涉及交易的知识产权定义方式——需要明确，如果通用描述不能改进，则需要罗列知识产权单个条款。 在这两种情况下，关键知识产权资产应当被确认、列出并进行转让
交易的目的是否是创建数量有限且新兴、价值高的市场机会？	→	交易双方知识产权组合构建的优势，且对收购的关键知识产权有效性、技术生命周期及其可转让性需进行调查

图 17.1　尽职调查重点

尽职调查的启动常规下由收购方或其法律顾问宣告进行，向被收购方发出一份需其提供海量信息的文件，在极个别情况下可能要求包括所有的知识产权协议的副本和知识产权注册登记文件。事实上，定期开展尽职调查的许多组织，都使用标准化的问卷调查（注：数量而非质量），以获取全面的分析数据信息。当尽职调查以如此方式进行，将难以体现此活动的真正意义。可利用的稀缺资源将引入收集、分类和分析信息的活动中。

另外一个常见问题是，与主流企业的尽职调查相比，知识产权尽职调查往往被视为一个辅助的配套行为。出售方许可的明确的知识产权保证被视为替代信赖。然而，保证不应被视为尽职调查的替代方案，因为它们一般提供较低补偿，且缺乏综合性。

如果知识产权的交易中涉及关键业务，那么，一旦交易确定，可进行如下活动。

专　利

对涉及的重要专利，可调查如下方面内容：

➢ 已支付续期费用；

➢ 以正确的名称注册；

➢ 无妨碍专利实施或使用的第三方权利，如：共同所有权、许可、政府资助（其结果往往是政府保有某些权利），等等；

➢ 无阻碍权利的分配和出售的行为，或针对部分权利潜在的任一方式交易的行为；

➢ 发明人已将专利权转让给指定的专利权所有人；

➢ 专利剩余生命周期匹配商业诉求；

➢ 专利权范围、申请流程、提供所需保护；

➢ 专利未被侵权，尤其是竞争对手；

➢ 收购方是否需授予出售方许可权。

查询第三方的专利，防止目前存在的、计划中的和实施中的专利侵权。

有可能还需要调查是否既有或计划申请中的专利侵犯了第三方专利权。

商　标

对涉及的重要商标，可调查如下方面内容：

➢ 已支付续期费用；

➢ 以正确的名称注册；

➢ 无妨碍商标实施或使用的第三方权利；

➢ 无阻碍权利的分配和出售的行为，或针对部分权利潜在的任一方式交易的行为；

➢ 没有任何理由（如没有使用或其名称已成为商品通用名称）使该商标可能被撤销；

➢ 针对涉及的类别和地区，商标被合理注册；

➢ 商标注册相关的类和地区；

➢ 商标不被侵权；

➢ 收购方是否需要授予出售方许可权。

版权（著作权）

对涉及重要受版权保护的作品，可调查如下方面内容：

➢ 无第三方权利阻碍知识产权的执行或使用；

➢ 无阻碍权利的分配和出售的行为或针对部分权利潜在的任一方式交易的行为；

➢ 作者已授权给名义上的权利所有人；

➢ 版权不被竞争对手所侵犯；

➢ 适当的保护期限（通常保护期限至作者逝世后70年；大部分企业对此规定无异议）；

➢ 收购方是否需要保留副本，如果保留，其将如何使用副本及限制第三方接触。

许　　可

涉及由第三方许可继续使用知识资产，需要调查如下方面内容：

➢ 许可权、特许权使用条款、实施目标、终止条款都应和收购方的业务计划相匹配；

➢ 许可仍然有效，被许可方未违约；

➢ 许可权可以转让或如果许可权继续由许可方保留，权利仍可继续被许可；

➢ 在此许可协议下是否允许被收购方和出售方同时拥有许可权的情况。

涉及将目标企业的知识资产继续授权给第三方，需要调查如下方面内容：

- 许可权、特许权明细、实施目标及终止条款规定被许可方不可与许可方竞争；
- 如果所涉及特许使用费金额较大，需要保证许可权仍然有效，许可方与被许可方都履行各自责任；
- 如果可行，许可可以分配；
- 分许可不应损害新的商业诉求。

保密信息

组织很少有保密信息的登记，因此获取关键业务信息或技术秘密尤为困难。

但是，涉及有价值的保密信息，需要调查如下方面内容：

- 现在或过去，员工或承包商是否意识到如果披露了机密信息后可能对企业产生的影响？如果意识到，这种影响是否受保密承诺的约束，这种承诺是否会被尊重？
- 如果保密承诺被破坏，是否会极大影响交易成果？如果是这样，进行交易风险是否太大？
- 核心员工在交易过后能否继续留任原职位？若非，应该采取何种适当方式确保其留任或使其对交易内容保守秘密？

尽职调查

若一组织商业性开发、出售或授权出售产品或服务涉及侵犯第三方有效知识产权，则被定义为侵权行为。知识产权拥有者，无论其权利是通过授权获取或实质拥有该权利都可主张中止侵权行为。或者，权利拥有者可要求侵权方支付授权费以获取继续进行商业活动的权利。

就法律方面而言，不知情不可以作为侵权的借口。若侵权行为确实存在，法庭可要求侵权人对其侵权行为造成的损害支付赔偿。侵权人是否知晓其侵犯第三方权利的情况法庭不予考虑。

知识产权所有权人有义务监查其知识产权是否受到侵犯。政府不提供类似保障。但一旦侵权行为被确认，知识产权所有权人可利用国内和国际法律程序行使权利。一旦启动法律程序，对侵权人实施判决，法庭可要求支付损害赔偿。此种情形，损害赔偿的计算起始日自侵权行为发生日计，而非侵权人意识其侵权行为日。然而，司法程序并不具有确定性。无论案件的价值大小，原告和被告都无法确定法官或陪审团的最终裁决。基于此原因以及节省诉讼费的初衷，大多数案件采取庭外和解方式。

为避免侵犯第三方的知识产权，三个主要方面的问题需要注意：

➢ 第三方版权的材料，避免未经授权复制或分发。

➢ 确保自有技术和研发活动不与其他组织交叉进行或受其影响，除非已经获取明确的、长期有效的知识产权。若未获得其知识产权，尽管交叉活动得到许可，也无法在第三方未许可的情况下将自有技术商业化。

➢ 确保其他组织不拥有阻碍商业行为活动的知识产权，如专利权、商标权及外观设计注册权等。

许多组织可能选择主动寻求获取第三方的知识产权以避免可能的侵权行为。因行业各异，调查重点可能各有侧重。在音乐或电影产业，可能涉及调查、乐谱、书籍和脚本的版权等。对于制造商，调查往往围绕避免第三方专利方面。在专利方面，可能涉及两种类型行为：

➢ 专利追踪；

➢ 尽职调查。

专利追踪

针对第三方专利进行专利追踪定期检索，每次的调查结果将会公开，且使用的检索参数以适合组织技术和商业的活动为目标。对检索中的专利将进行审查，以确定其是否会限制组织正在进行的和计划开展的活动。专利追踪实施多年后，组织将可合理确认无第三方专利阻碍关键技术的研发活动。然而，尽职调查在项目发展的重要阶段实施，专利追踪并非如尽职调查般严谨。

自由使用权分析

针对工业生产方法或产品，自由使用权分析侧重于：

- 第三方专利评估；
- 确保无第三方知识产权已擅自引入。

组织需在某种特定情况下开展自由使用权分析活动，例如，组织可能会决定将其作为一项政策而开展自由使用权分析活动：

- 在技术投资之前尤为重要；
- 在技术的商业开发之前；
- 标书提交给第三方之前。

标准的制定可协助决定是否以及何时开展分析活动。合理的标准可能包含：

- 可利用的金融投资水平；
- 该组织技术方面所需的财政投入；
- 技术的成熟度，即是否已经被用于多个无关联组织；
- 该技术是否已经显然能促进第三方的产品或服务的发展。

这些标准甚至可列入现有业务流程，以助于决定是否以及何时进行自由使用权分析。

自由使用权分析——流程

图 17.2 描述了通常遵循的第三方专利分析流程。

若一个组织多年定期进行自由使用权分析活动，即会建立一个数据库收集过滤分析后的技术点。若分析数据定期更新，那么筛选新项目、产品或服务所涉及的工作内容将大幅度减少，只需针对新添加的部分内容进行评估。

项目、产品或者服务将被分成若干离散的技术点，最新自由使用权分析已涵盖的技术点将被直接忽视

↓

至于其余部分，可在已公布的专利数据库进行搜索，以寻找可能引起关注的专利，此搜索将利用：

- 关键字描述技术；
- 有关公司的名称；
- 知名第三方发明人姓名；
- 与项目、产品或服务的每个要素有关的分类号[❶]。

进程中不可避免地要更新迭代，新的检索参数被确定后将加入以推进检索进展

↓

筛查初期进行时仅利用专利的标题和摘要信息，与项目或服务无关的专利将被直接排除

↓

其余专利将会经过详细分析，主要涉及专利权利要求分析。在某些情况下，这可能需要详细的法律咨询和解释

↓

若分析确认项目、产品或服务将侵犯任何第三方专利，那么必须考虑其他选择：

- 质疑专利的有效性（如果可以找到依据）；
- 寻求专利权人许可；
- 规避设计；
- 放弃该项目、产品或服务

图 17.2 自由使用权分析流程

质量与成本

自由使用权分析的难点之一在于评估在每个过程要耗费的必要时间和精力。

---

❶ 专利局对每项专利授予一个专利分类号以对应其涉及的相关技术或领域。

不管投入自由使用权分析活动中的时间长短，也不可能完全确定没有相关的第三方专利。风险会随着投入增加而减少。但现实存在临界点，若超过则不值得投入更多成本。

当考虑检索参数时，成本与质量决策尤为明显。例如，是不是应该综合考虑检索条件，以降低需确认分析的专利的数量（如是否分析所有竞争对手的专利，还是具有适当相关性分类号的专利）。现实中不存在完全可靠的检索策略。一个使用公司名称、分类号以及技术说明的综合性检索可以避免漏检重要专利的可能性。一个自由使用权分析的理想情况是最好能够分析竞争对手的整个专利组合。然而，在许多情况下，进行这种分析活动的成本难以确保。

因此，针对所有自由使用权活动，需要评估信息的详细程度（和成本）是否合理。一些组织选择层级模式，对于关键区别技术和使能技术进行详细分析，周边技术则采用比较低层次的肤浅分析。

可建立一套标准指导如何实施详细或全面的研究。下面这些标准可能会被使用。

1. 未知的第三方专利存在的可能性

以下内容可能有助于明确是否存在未知的第三方专利或其他权利。

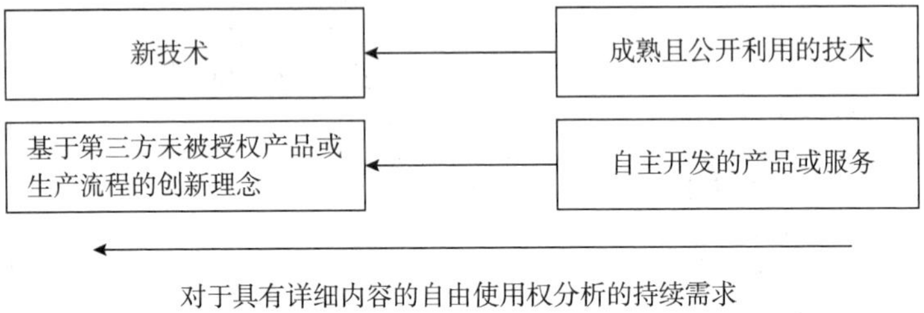

2. 项目的技术依赖

当发现某项目侵犯第三方权利的情况，有可能转而开展研发另一替代技术，此时应进行相对宽泛的分析。

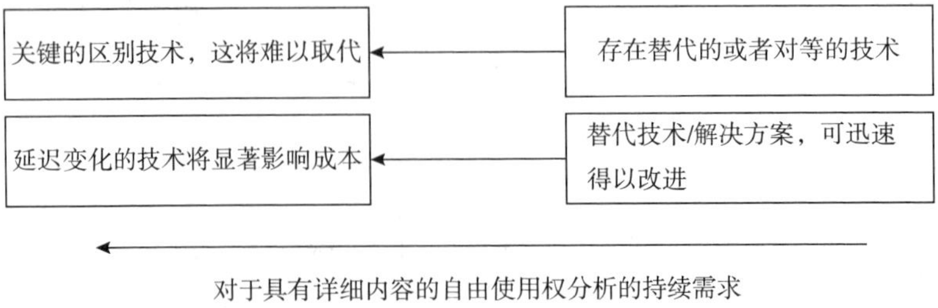

3. 任一侵权行为产生的经济后果

侵权行为产生的经济后果与识别该风险支出间存在明确关系。

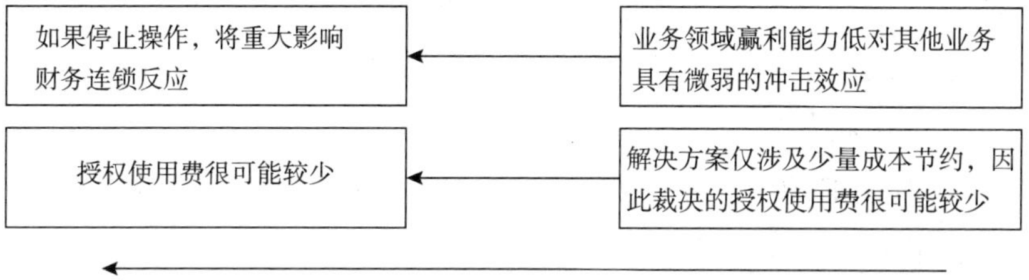

对于具有详细内容的自由使用权分析的持续需求

此外，组织希望将任何可能侵权的行为考虑在内，以决定自由使有权分析的深度。这是一个敏感的区域。在发现侵权行为的领域，法院的实践稍微逊色于其他任何组织。如果它们有搜索第三方权利的程序或更多实践，就会更高效地确认第三方侵权行为。

时　间　点

自由使用权分析活动的时间点的确定应谨慎考虑。

如果在早期发展计划中包含该分析活动，可能存在不稳定的情况，因此无法进行集中检索、筛选和分析。另外，由于商业或技术的原因，项目存在被终止的可能，那么尽职调查的花费将失去意义。

然而，在重大项目开支预算中，应该对自由使用权分析的成本进行适当的审查。同时，一般在详细计划开始之前应确定第三方权利的信息。根据项目的性质，才有可能进行适当的自由使用权分析：

- 对技术选择的最终决定作出之前；
- 或者详细计划开展之前。

自由使用权分析对项目已部署技术的问题审查存在一定风险。在决定是否审查已经部署的技术，或是要实施开放性研发，组织会难以抉择。

实验侵权

英国专利法允许进行实验室工作，即使实验过程中存在名义第三方专利侵权。但是，必须满足以下两个标准：

➢ 这项工作必须是纯粹的实验。在该法中，“实验”没有明确定义，必须依靠判例法确定（本书对此不提供明确的意见）。允许实验室规模的实验，实践审查发明，并调查该技术普遍适用性。但是以下情况可能不会被允许，包括对潜在客户示意或详细研究该发明在实践中将如何使用等。

➢ 实验必须涉及专利化特征。不允许使用一项专利技术，同时开展无关工艺或技术的实验。

损害赔偿

由法院来确定赔偿水平的基本方法有两种：

➢ 知识产权所有人因侵权所失去的利润；

➢ 侵权公司创造的利润总额或侵权产生的增量利润。

决定是否赔偿应根据：

➢ 实际创造的利润，或应当创造的利润；

➢ 侵权企业利润总额或侵权产生的增量利润。

事实上，法庭起初很难确定损害赔偿，特别在陪审团参与的情况下。这也是为什么大多数涉嫌侵权案件都达成庭外和解的原因。

示例：

➢ 柯达公司曾因其专利侵犯第三方权利支付有史以来最大金额的赔偿。1985 年，美国联邦法官裁定柯达公司侵犯了宝丽来公司的即时摄影专利，侵权损害赔偿的金额为 8.73 亿美元。随着进一步的禁令，柯达被要求禁止销售侵权相机（即时成像相机）。然而，此案存在一系列不确定性损害，因为这个数额远低于宝丽来要求的 12 亿美元，也远低于金融分析师此前预期的 15 ~ 20 亿美元。[1]

➢ 2003 年 1 月，美国地区法院判定了艾进与罗氏控股公司的合同纠纷。该争议涉及艾进技术与罗氏临床检测产品线使用。陪审团认定罗氏公司违约。由于艾进有权终止其与罗氏达成的协议，并进一步获得罗氏诊断线权利，最终赔偿达到 5.05 亿美元，其中包括 4 亿美元的

---

[1] New York Times, 13 October 1990.

惩罚性赔偿。

➢ 世楷贸易公司支付其竞争对手——办公家具制造商海沃氏公司2.115亿美元，因其在办公隔间布设预接线办公室面板产生专利侵权。❶ 本发明通过装设办公室隔间的墙板、布线和出口，使电脑更容易放置于工作场所的桌面。这场专利纠纷起始于1979年，最终审判于1985年。

➢ 杰洛姆·勒梅森是美国最多产的发明家之一，拥有近600项专利，并从40多个汽车和电子公司中获利5亿美元。在其职业生涯中，曾提交过众多主动发明的申请寻求专利许可。在某些情况下，专利接收者实现这些想法，而不主张达成许可协议。❷

➢ Fonar起诉日立和通用电气侵犯其MRI（磁共振成像）专利。日立于案件审判前期与其达成协议。1997年，陪审团裁定，通用电气侵犯了Fonar的专利，并判定1.28亿美元的损害赔偿。约20年前，磁共振成像由发明者雷蒙德·马迪安博士与两个研究生助理共同完成研发。他们曾与多家公司，如西门子、飞利浦、东芝和日立❸产生法律纠纷。

调查和特权信息

在诉讼中，法庭将要求被告提供相关争议文件清单。在任何诉讼中，这都是一个极其重要的阶段。案件的输赢取决于文献内容的挖掘。律师会确定哪些文件享有特权，可以保留全部内容或删除部分内容。有三个原因会造成保留：

➢ 法律特权。特权信息包括法定代表人和客户之间的沟通，还包括法律顾问所要求的信息——然而，这种保护仅在诉讼前期时提供。

➢ 自诉。这仅仅是一个有限权利，只保护民事起诉。

➢ 公共政策问题。

对于请求内容存在限制，而不是一个由控方对无关信息的“摸

---

❶ Wall Street Journal, 31 December 1996.

❷ Wall Street Journal, 16 April 1997.

❸ Business Wire, October 1997.

底”。在调查的过程识别信息公开或信息寻求。通常此为诉讼中耗费巨大的环节。

当然，可以通过法院判令获取信息和进行“突袭”（在有理由确认信息可能会被破坏的情况下，才实施此行为）。通常情况下，信息收集不主张实施该行为。

控方获取信息的另一重要途径来自被解雇员工。

通知侵权

这是难以界定的区域——如果对被控侵权方产生“威胁”，且被证明是不合理的，可能会引发反索赔，即使“威胁”表达初衷是善意的。侵权通知信件措辞需要非常谨慎。措辞软弱可能会被忽略，相反，措辞强硬则可能导致反索赔。

如果涉及不直接参与侵权的行为的信息，必须采取特殊关注。若要指出供应商侵权，应避免提及其他分销商或其他组织。在这种情况下，若指控证据不足，很可能导致反申索，主张恢复商业信誉并支付销售损害。

附　录
知识产权权利

如前所述，知识产权权利是国家授予的合法权益，限制未经授权的知识产权使用。根据英国法律❶，侵犯某些知识产权权利会构成刑事罪行。因此，可以利用如贸易准则与海关实践（Trading Standards and Customs & Exercise）进行刑事诉讼来对抗侵权。此外，民法也提供了一个准则，使个人和组织通过法院强制执行来保护其知识产权权利。

知识产权权利可分为两种方式。具体划分根据如下：

➢ 权利是否被自动授予，或通过法律的程序，包括到有关当局进行知识产权登记。

➢ 这种权利是否用于防止第三方使用，或是否只是防止复制（例如，如果第三方使用与您相同的设计生产产品，而且他们事实上复制了您的设计方案，那么他们仅仅侵犯了您的设计权；如果他们的方案是独立设计的，那么就不存在侵权行为。但是，如果申请了专利，那么无论是否发生复制，第三方都存在侵权行为）。

表 A.1 使用这个分类系统来描述六种主要类型的知识产权权利。

表 A.1　六种类型的知识产权权利

	自动授权?	限制使用或复制?
专利	否	使用
注册的设计方案	否	使用
版权	是	复制

❶ 虽然大多数国家知识产权法律的原理是共同的，仍然会存在地区差异。本章描述的是英国法律的立场。

续表

	自动授权?	限制使用或复制?
设计权	是	复制
商标	是——但同时获取了其他权利	使用
保密项目	是——但同时获取了其他权利	理论上只是复制

还应当指出的是，一些“资产”可以同时由一个以上的知识产权权利类型保护。例如，文档的文本会受到版权保护，它描述的创意可以受专利保护，字体会被设计权保护，同时，页面的页眉会受到商标权保护。

原则上，大多数国家使用相似的知识产权保护系统。然而，在实施层面上有相当大的差异，无论是在授权的类型上，还是对权利的司法解释。

表 A.2 总结了个人和组织可以获取的知识产权权利（此信息为简单陈述，不适用于专家参考）。这些在本附录的其余部分中有更详细的探讨。

表 A.2　知识资产权利总结

	专利	注册的设计方案	商标	版权	设计权	保密义务
保护范围	保护流程、产品、合成物	保护装置的设计而非功能	保护用以表示产品与服务来源的文字或符号（称为“设备”）	保护创意的展示方式，如报告、音乐、图案、绘画等	保护设计而非功能	保护秘密获得的信息
赢得权利的过程	权利授予需经过一个复杂、长期、昂贵的申请注册过程	权利授予需经过一个简单、低开销的注册过程	一些保护是自动产生的，一些权利是经过注册获取的	权利自动产生	权利自动产生	必定存在一个引申的或者契约性的保密义务

续表

	专利	注册的设计方案	商标	版权	设计权	保密义务
侵权何时发生	甚至不用复制侵权也会发生	甚至不用复制侵权也会发生	在同一市场使用了商标销售产品和服务导致侵权（称为“种类”）	只有在复制发生时才会产生侵权	只有在复制发生时才会产生侵权	接受者只能在得到明确同意后才可使用信息
授权是否依靠新颖性	创意必须新颖申请注册前未被公开	通常设计方案必须新颖申请注册前未被公开	商标必须不能在同一种类中被其他组织注册或使用	作品进入公共领域发行，保护依然存在	作品进入公共领域发行，保护依然存在	保护只限于文件，其本质为机密文件
保护期限	保护期限为20年，但必须缴纳年费	保护期限为25年	如果商标持续使用并且缴纳年费，保护无限期	保护期限为作者逝世后70年	保护期限为首次上市后的15年或开始制造后的10年	除非明确同意使用，否则无时效限制
评论	很多国家是先申请原则，美国先发明原则		名字不能作为商品或服务的描述进行注册			依靠引申的保密义务是不明智的

专　　利

专利主要保护描述流程、产品、合成物的发明。专利赋予拥有人权利阻止其他人针对专利权描述的发明进行开发、销售或许可销售：

➢ 被授予专利的发明必须具有新颖性，工业实用性和创造性。大多数国家都有一个审查过程以确保发明满足了这些条件。

➢ 证明新颖性的要求是指该发明在申请专利保护前，必须未曾出版或以其他方式进入公共领域。

➢ 在大多数情况下，专利将授予那些首先申请专利的组织或个人——而不必须是首先发明者。然而，在美国的专利审批系统中规定将专利权授予首先发明者。

➢ 专利具有地域性——专利在其保护地域赋予专利权人阻止他人生产，使用，进口或出口的权利。

➢ 一旦授权，专利保护会在一段时限内持续，然而延续保护需要在固定时间段内支付费用。如果专利被放弃，其权利不能再被恢复。

➢ 专利化是昂贵的：一个组织通常会花费 10～20 万英镑来维持一项单一发明在大约 10 个国家 20 年的保护周期。

➢ 作为专利化的一部分，发明会被公开。这有可能被视为不利因素，因此，组织会选择隐藏发明，而不是寻求专利保护。

➢ 专利授权之后，如果存在下列情况，专利仍然可以撤销，如证明本发明并不具有新颖性，不具有工业实用性，没有创造性，或在诉讼过程中存在问题（例如，提供给知识产权局不准确的信息）等等。

注意：经常有一些专利的内容申请是在第三方专利创意上的改进，因此这些专利的拥有者和许可人也无权实施专利产业化。如果没有“基础专利”的许可，“改进专利”拥有者也不能实施其改进。专利，因此专利可以看做是授权拥有方和许可被许可方阻止他人的实施；而非授权实施他们所申请发明。

因此，企业将发明专利化不是为了保留权利来实施其申请的发明，而是阻止他人来实施。

注册设计

这种形式的权利涉及了一个设备的外观，但不涉及它的功能。具体来说，保护范围集中于形状，结构，图案和装饰。商业领域这种形式的保护最适用于消费类产品，产品的外观是赢得销售的关键：

➢ 如专利一样，如果在申请保护之前被披露过，就无法得到这种形式的保护。然而，在某些地区，这种限制仅适用于申请保护的地区是否出现过这样的披露。

➢ 为了赢得法律的保护，必须注册设计，无论如何，这是一个相对简单和便宜的程序。

➢ 本质上保护再次被地域化。

➢ 保护期 25 年。

版权与相关权利

在某些行业，版权是核心问题，如出版、计算机软件和音乐等行业：

➢ 保护限于创意的表达方式，无论是报告、图纸、照片、绘画、软件、音乐等等的形式，而不是创意本身（也就是说，它防止了第三方复制一份报告，但无法保护该报告的创意）。

➢ 权利自动获取，不需要注册。

➢ 出现复制时才会发生侵权。

➢ 作品进入公共领域发行，保护依然存在。

➢ 保护期一般截止至作者逝世后 70 年。

版权保护有两种形式：

➢ 经济权利、防止复制和传播等行为。

➢ 精神权利、确保作者对他或她的作品的永久署名权以及确保作品的“完整性”不受侵害。

复印、传真、扫描等复制行为是不允许的，但版权并不妨碍提炼或者使用文献中的概念。复制保护作品的全部或“主要”部分是不允许的。然而，什么是保护作品主要构成往往不易确定。这种不确定性的存在是因为实质性的问题在于质量而不是数量，甚至即使知识资产相对很小的部分被复制也可能导致侵权。

如果是软件，版权禁止针对程序进行未授权的复制与改编。包括文字和非文字的复制都加以禁止：

➢ 文字复制是简单复制的代码行；

➢ 非文字的复制是复制的程序的结构或设计思想。

在版权法及相关法律中，数据库也受一定的保护。保护内容涉及数据库的结构。

设　计　权

类似版权，设计一经创建就自动获得保护权。与版权的情况一样，设计权无法禁止复制设计背后的创意或概念。

设计权负责保护产品的形状或构造。二维设计，如纺织品或墙纸设计都没有给予保护，虽然这些设计适合版权保护并可能受注册设计权保护。设计权不保护“普通的或知名的设计”，也不保护那些存在于产品中使之功能匹配、审美相符的外形设计。

对于进入市场后的第一个五年，设计权可以防止未经授权的复制；之后，权利拥有者必须将许可权授予任何提出要求权利主张的人。

不同于版权，设计权仅在英国是有效的。

商　　标

商标可以是一个词语或符号（纹章），用于区别商品或服务：

➢ 商标可以进行注册。然而，注册并不都是必需的，因为许多国家的法律保护未注册商标持有者。但是，注册确实可以被赋予额外的权利，而且通过审查以确认该商标是不是已经被第三方使用。

➢ 注册商标不能是销售商品的描述。

➢ 本质上，商标保护具有地域性。但不像其他形式的知识产权权利形式，商标权只对特定的市场领域（称为“种类”）给予保护。因此，不同组织的市场如果没有交集，就有可能使用同一个商标。

➢ 注册商标权可以通过交费无限期延续保护。如果商标因为未交费而被放弃，那么有可能重新取得权利，但只能再次启动注册过程且前提为没有其他组织申请同样的商标。

➢ 如果注册商标未被使用，它就会被撤销，因此组织可能需要提供证据证明商标正在使用，从而取得、保持商标权。

三维设备，产品的形状和包装风格都可能被注册商标保护。然而，只有产品形状是一个创新的设计，风格独特，且不单纯是一个产品功能的设计需求结果，在符合这些情况下商标申请才会成功。

因此，无论是注册设计还是申请商标，申请保护可行的时候，存在多项选择。在许多情况下，注册设计将是最佳选择，因为其授权不仅更便宜而且更迅速。但是，如果在申请注册前已经有过披露，那么注册设计将会被拒绝；在这种情况下，商标将成为唯一可供的选项。

违反保密义务

违反保密义务为一些机密材料提供了多种保护。从本质上讲，法律规定在保密义务下获取的机密信息，未经许可，接受方不得使用。但是，如果持有人或机构使材料进入公共领域，那么它不再是保密的，也不受任何保护。

当两个组织达成正式协议，为达成特定目标发布某些信息时，保密义务通常会出现。此外，即使没有正式的协议，在传输秘密信息过程中，也会产生延伸的保密义务。然而，依靠这些延伸的保密义务是不明智的；取而代之的是信息传递通常遵循一个可行的协议。

此外，所有的员工对其雇主都有保密义务，咨询师对委托人有保密义务。这些义务可能以雇佣或其他合同形式进行补充。在雇佣合同中的缺乏明示条款的情况下，一名前雇员将他或她的“正常的技能和知识”应用于竞争对手并非不妥当。然而，员工的权利不能扩展到使用商业秘密。商业秘密可以解释为一种知识，如果释放出来，会给其所有者带来商业损失。然而，往往是很难明确界定哪些知识是商业秘密，哪些知识应该被视为员工自身的技能。当然，如果员工暗中通过制作信息副本来补充他或她的记忆信息，通常会被视为违反保密义务。

软　　件

版权法提供软件开发人员可主张的保护。它禁止非经授权对程序进行改编，或复制一个程序的“实质”部分。

无论是字面还是非字面的复制都被禁止：

- 字面复制是简单复制代码行；
- 非字面复制是指将程序的编写设计结构进行复制。

代码本身、程序结构和用户界面功能被授予了一些保护。然而在实践中，要说明程序的结构或设计是复制的而不是独立创建的，是很困难的。如果涉及的两个程序的结构和设计是相似的，并且明确可以使用多种方法将该程序改编，那么法院更倾向于判定复制行为。

程序背后的基本概念和创意不受版权保护，仅仅是创意的表达。在实践中，将一个创意与创意的表达进行区分也是很困难的，因此法院如何判决有时是不确定的。一般来说，法院不愿意与明显未经授权使用他人作品的组织意见一致。但是，如果一个创意的表达方式只有一种，那么申诉人难以主张权利。争论的焦点在于被复制的不是创意而是创意的表达方式——如果外观和结构是程序运行任务的必然结果，那么其不会受到保护。

还应当指出的是，准备期和流程中副产品，如流程图和工作流程规范，也都受版权保护。

对于批发商未经授权复制一个组织的计算机代码，法院将如何作出判决是毫无疑问的。其他情况下，结构和外观被复制，有可能存在某种程度法院判决的不确定性。这取决于特定案件的具体情况。

在美国，如果具有新颖性、创造性，并能产生一个“有用的，具体的和有形的”结果，软件就可以申请专利。日本存在类似的情况。

在欧洲，从历史上看，计算机程序“本身”不具有可专利性。只有计算机程序被整合到一个机器或者流程中，而且其最终系统或流程是可专利化的，计算机程序才会受到专利保护。然而，最近这种情况出现了一些改变，一个具有“技术效果”的计算机程序，其运行超出了程序与运行程序的机器之间“正常”的物理互动，有可能被授予专利。如果所述计算机程序控制一台机器，显然会存在这样的技术效果；但是，技术效果被认为包含了对计算机系统资源的控制。

词表索引

译后记

我国清末启蒙思想家严复在《天演论》中讲到，译事有三难：信、达、雅。这三项翻译原则一直被后来者奉为圭臬。“信”指意义不背原文，即是译文要准确，不歪曲，不遗漏，也不要随意增减意思；“达”指不拘泥于原文形式，译文通顺明白；“雅”则指译文时选用的词语要得体，追求文章本身的味道，简明优雅。信、达、雅基本体现了翻译之路上全部完美胜景的阐释，相信所有翻译人，即使严先生本人也难以登临绝顶，遍历胜景。凡人如我辈，拿笔翻译的时候，考虑最多的还不是信、达、雅问题，而是一个很现实的问题——deadline到了，能否如期交稿？

做翻译大家可能都有类似的经历，开始接到书稿时踌躇满志，准备多种措施，想尽千方百计制定一个完美计划。但是开始翻译以后，实际问题接踵而来，不得不再三改变进度计划。遇到难题时，我们求助于国内外的专业论坛，查阅知识产权论文和文献，力求最大限度地忠实于原文，做到术语精准表达。很多时候，反复思量推敲一句话、一个词的译法，不断否定，不断建立，过程漫长艰苦，但指尖敲下那个令人满意的最终答案时，心中的喜悦和成就感如长途跋涉后的人终于看到悦目的风景一般。值得欣慰的是，我们的翻译旅程并不孤单，三个人一路互相鼓励、监督、支持、陪伴。

无论我们翻译团队三个人如何向原计划妥协，但有一条原则一直坚守下来，就是每周一的定期讨论。有些疑问经过一次讨论就能基本明了；有些问题反复碰到，随着翻译的不断深入，经过多次讨论也得到了解决。同时，在讨论过程中，一些翻译原则、术语标准慢慢统一起来，甚至大家的翻译风格都有趋向一致的感觉。有时候感觉讨论不够充分，在每周五再增加一次讨论，切磋砥砺，颇有收益。在思想的交流与碰撞中，润色梳理译文，这种乐趣真是局外之人不能体会的。

每本书翻译完毕，总会有很多遗憾，世事大概如此。有句话叫：“结论就是你懒得再想下去的地方”，只要往前走，路的尽头还有路。译文有不当之处，还请各位同仁指正。同时，感谢知识产权编辑室的卢海鹰编辑对译稿的严格要求，使我们的译稿由一块拙石变成美玉。

译者

2014 年 1 月